모래 한 알
들꽃 한 송이

은행나무

모래 한 알
들꽃 한 송이

성타 지음 · 이형수 그림

은행나무

무명을 밝히는
장명등이 되어주심을 감사드리며

대한불교조계종 11교구 본사 불국사 주지이신 성타 큰스님께서는 평소 큰 절집 살림을 맡으셔서 불철주야 바쁘신 가운데서도 우리 지역사회의 풀기 어려운 일에 늘 앞장서 봉사하시는 분입니다. 뿐만 아니라 동국대학교 재단이사로 장차 이 나라를 이끌어갈 인재양성에도 혼신의 노력을 다하고 계십니다.

특별히 이번에 그간 각종 지면을 통해 저희에게 일러주셨던 금과옥조와 같은 말씀을 정리하여 한 권의 책으로 상재하신다 합니다.

《모래 한 알, 들꽃 한 송이》를 차근히 읽고 있노라면, 우리는 다양한 분야에 대한 성타 스님의 관심과 통찰을 발견하게 됩니다. '거울의 미학' 이란 글에서는 한 나라의 통치자가 가져야 하는 통치철학에 대해 잔잔한 어조로, 그러나 듣는 이의 귀가 쓰릴 만큼 통렬하게 타이릅니다. 그런가 하면 '성 프란체스코의 기도' 라는 글에서는 다원화된 현대사회에서 종교지도자들이 가져야 하는 마음가짐에 대해 이야기합니다. 세상은 다원화되어 가는데 마음은 아직도 중세의 집단이기주의에 얽매여 전쟁과 테러의 공포 속으로 몰아가는 종교이기주의에 대해, 그것은 자신의 종교를 오히려 욕되게 하는 일이라 지적합니다.

열린 마음이 실천궁행(實踐躬行)으로 하나가 될 때 이 세상은 말 그대로 지고지선(至高至善)의 극락정토요 천국이 될 것입니다. 스님께서 글을 통해 우리에게 전하고자 하는 메시지는 우리의 노력으로, 우리의 발원으로 세상을 바꿀 수 있으며, 그 변화의 중심에 우리가 서 있다는 것을 스스로 깨달아야 한다는 것입니다.

세상에 선생은 많으나 참된 스승은 적다고 한 옛 성현의 말씀이 생각납니다. 참된 스승으로서 세상을 깨우는 말씀으로 늘 이끌어 주실 것을 믿으며 큰스님의 저서 출간을 진심으로 축하드립니다.

동국대학교 경주캠퍼스 총장 손동진

마음의 힘,
영혼을 살찌우는 책이 되길

책은 젊은 시절의 인도자요, 노년기의 기쁨이다. 책은 사람의 마음을 움직여 바른 길로 안내한다. 감명 깊게 읽은 한 권의 책은 삶의 자양분이 된다.

우리는 살아가면서 끝없는 자아 찾기에 매달린다. 그러나 자아를 찾는 것은 마음을 비우는 일이다. 끝없이 밀려오는 정보의 홍수 속에서 마음을 비우려면 아집을 버리고 순명(純明)의 화두를 붙잡아야 한다고 불교에서는 가르친다.

지금 세상은 진실이 왜곡되는 사회로 얼룩져 가고 있다. 이러한 때 삶의 과정에서 발생하는 수많은 일화를 정수만 골라 담은 성타 스님의 《모래 한 알, 들꽃 한 송이》는 가치 있는 세상을 살아갈 수 있는 혜안과 지혜의 길을 열어줄 좌표가 될 것이다.

성타 스님은 이 책에서 '본다는 것은 눈이 아니라 마음을 통해 보는 것'이라고 했다. '본다'는 것이 신념 체계임을 말하고 있는 것이다.

그렇다. 책은 매나 채찍 없이 우리를 가르치는 스승이며 신념을 키워주는 대선사(大禪師)다.

　부처님이 이 땅에 오신 가장 큰 이유는 중생들의 고통을 해결하기 위함이다. 헤아릴 수 없이 많은 번뇌, 행복 끝에도 필연적으로 맞이할 수밖에 없는 이별의 아픔 같은 많은 고통을 해결하기 위해서다.

　성타 스님은 "우리가 부처님을 고통의 해결자로 생각한다면 내가 상대를, 이웃을 부처로 대하는 순간 그들은 나의 고통과 고민을 잠들게 하고 나를 행복하게 하는 참으로 귀한 존재가 된다"고 이 책에서 말씀하신다.

　디지털과 영상이 주도하는 시대에도 책은 여전한 힘을 가지고 있다.

　스님의 주옥 같이 귀한 말씀들만 모은 《모래 한 알, 들꽃 한 송이》의 출간이 많은 사람들이 자신의 삶을 돌아보는 계기가 됐으면 한다. 또한 고단한 삶에 지친 중생들의 실망과 낙망을 잠재워주리라 믿는다.

　지식은 세상에 넘쳐난다. 때문에 누구나 소유할 수 있다. 문제는 지식을 적용하고 새로운 지식을 창조해낼 수 있는 생산력이다. 국민의 가슴을 품어주는 마음의 힘이 필요한 시점에 스님이 펴내는 이 한 권의 책이 중생들의 영혼을 살찌우는 역할을 했으면 한다.

경북일보 사장　정정화

봄비가 적적합니다. 얼마 전까지 만개한 꽃잎에 경주가 온통 꽃밭이었습니다. 꽃이 진다고 바람을 탓해서는 안 되겠지요. 세월이 꽃을 떨어뜨림에도 세상은 보이는 바람에 그 섭섭함을 토로합니다. 세상의 눈이 그러합니다. 보이는 것에 의미를 묻지요.

글 또한 그러해서 짧은 생각을 탓해야 함에도 눈에 들어오는 애꿎은 글자만 나무랍니다. 쏟아진 생각들을 하나씩 짊어지고 글자들이 옮겨 다닙니다.

몇 년의 시간이 있었습니다. 그 시간만큼 생각이 쌓이고 또 그것만큼 글이 쌓였습니다. 어디에 둬야 오가는 길에 돌부리가 되지 않을지 고심한 시간이 적지 않았습니다. 그러다 생각이 모아졌습니다.

손질하고 다듬어 기름때 묻은 글보다는 부박하지만 설익은 채로 봄볕에 익어가는 신록이었으면 하는 마음에 그대로 내놓습니다.

글이 묶이기까지 노적사 주지 종후 스님의 남다른 도움이 있었습니다. 지면을 빌어 감사의 마음을 전합니다. 이번에도 쉽지 않았을 편집 작업에 고생한 은행나무 주연선 사장님과 이진희 편집부장님께도 감사를 드립니다. 졸고에 대한 훌륭한 축사를 써주신 동국대학교 경주캠퍼스 손동진 총장님과 경북일보 정정화 사장님께도 감사를 전합니다.

먹과 선으로 담백하게 담아낸 느낌들은 이형수 화백의 고심의 흔적입니다. 역시 감사의 말을 전하고 싶습니다.

독자들의 시간을 축내지 않았으면 하는 바람입니다. 많이 부족하지만 이 글을 읽는 분들의 삶에 한조각 도움이 되길 바라는 마음 간절합니다.

토함산 불국사에서

나가(那伽) 성타

| 차례 |

2부 _ 부처님을 닮고자

안타까워하고 슬퍼하며 동정하는 마음이 부처의 마음입니다.
쉽게 분노하고 거짓된 말과 행동으로 해를 입힐 때 야차가 됩니다.
모두 내 속에 있는 가능성입니다.
그러다가 익숙한 방향으로 생각과 관심은 흘러갑니다.
행동도 함께 움직입니다.
수행은 긍정과 밝음이 익숙해지도록 그 흐름을 정하고 다지는 것입니다.
그러므로 부정과 탁함이 더 스며들기 전에 바꾸는 것이 좋습니다.
미루면 미룰수록 그 흐름을 돌리는 것은 더 힘들어집니다.
부처가 될 가능성을 신뢰하는 것, 수행의 첫 걸음은 그곳에서 시작됩니다.

1부 _ 흙을 한 움큼 쥐고

모든 기도는 내가 아니라 '당신'으로 시작해야 합니다.
모든 기도와 바람 속에 '나'를 놓아버리는 것, 그것이 기도의 처음입니다.

이 순간,
진정 깨어 있다고 말할 수 있습니까?

옛날에 스님 두 분이 계셨습니다. 한 분은 스승, 한 분은 제자였습니다. 제자 스님은 하루빨리 하산하여 중생들을 제도하겠다는 열망으로 가득 차 있었습니다. 스스로 자격이 충분하다고 여겨 자신만만했습니다. 그러나 큰스님은 아직 멀었다며 하산을 허락하지 않았습니다. 제자 스님은 늘 그것이 불만이었습니다.

그러던 어느 날 큰스님이 제자 스님을 불렀습니다.

"네가 만약 내가 묻는 질문에 대답하면 하산을 허락하겠다."

문제를 내서 알아맞히면 자격이 있는 것으로 믿고 세속의 중생들에게 불법을 펴는 것을 허락하겠다는 말씀이었습니다.

"내일 사시(巳時)가 끝나면 오너라."

제자 스님은 뛸 듯이 기뻤습니다. 십 년을 넘게 공부하면서 스스로 모르는 것이 없다고 자부하고 있었기 때문에 어떤 질문이

눈은 뜨고 있지만 미혹과 미몽에 사로잡혀 있지는 않은지 자신부터 살펴십시오.

라도 대답할 자신이 있었습니다. 〈팔만대장경〉을 다 외워 암송할 수 있었고, 부처님의 법도 막힘없이 설할 수 있었습니다.

다음 날 제자 스님은 사시가 끝날 무렵 큰스님을 찾아갔습니다. 자신감이 넘쳐흘렀기 때문에 발걸음이 가벼웠습니다. 재가인들에게 부처님의 법을 설할 생각을 하니 가슴이 벅차올랐습니다.

제자 스님이 방문을 열고 들어가자 스님은 방 안에 가만히 앉아계셨습니다. 제자 스님은 호기스럽게 자리에 앉으며 질문하기만을 기다리고 있었습니다. 시간이 얼마나 지났을까. 큰스님은 여전히 아무 말씀 없이 지그시 눈을 감고 계셨습니다. 제자 스님은 슬슬 조바심이 나기 시작했습니다.

'왜 빨리 질문을 하시지 않는 걸까? 어떤 질문이든지 대답할 자신 있는데…….'

이윽고 큰스님이 말씀하셨습니다.

"이제 내가 한 가지 질문을 하겠다. 이 질문의 답을 맞히면 곧바로 속세로 내려가도 좋다. 그러나 만약 맞히지 못한다면 어찌하겠느냐?"

그러자 제자 스님은 빙그레 웃으며 말했습니다.

"그럴 리는 없겠지만, 만약 맞히지 못한다면 큰스님께서 시키시는 일은 무엇이든 다 하겠습니다."

"그러다면 묻겠다. 지금 네가 들어올 때 댓돌에 신발을 벗어놓았는데, 내 신발의 오른쪽에 벗어놓았느냐 아니면 왼쪽에 벗어놓았느냐?"

　　제자 스님은 당황할 수밖에 없었습니다. 너무나 의외의 질문이었기 때문입니다.

　　'왼쪽이었나, 오른쪽이었나?'

　　순간 많은 생각들이 지나갔습니다. 이때 갑자기 호통이 들려왔습니다.

　　"네 이놈, 방금 네 몸으로 네가 한 행동을 모른단 말이냐? 네가 한 것이 아니더냐? 내가 지금 다른 사람이 한 행동을 물었더냐? 분명 네가 신발을 벗고 들어오지 않았더냐? 어리석은 놈, 방금 자기 몸으로 어떤 행동을 했는지도 모르는 녀석이 도대체 누구를 무명(無明)에서 깨어나게 한단 말이냐? 네 놈이야말로 눈을 뜨고 잠을 자고 있구나."

　　제자 스님은 아무 말도 할 수 없었습니다. 분명 자신이 한 행동이었는데도 아무런 기억이 나지 않았습니다.

　　그 순간 제자 스님은 깨어 있지 않았던 것입니다. 눈은 뜨고 있었지만 미혹과 미몽에 있었던 것이지요. 제자 스님은 아무 말도 못하고 밖으로 나왔습니다.

삶을 변화시킬 수 있는
강력한 힘

우리는 여러 가지 계획을 세우고 잘못된 습관을 고쳐 좀 더 나은 방향으로 삶을 바꾸려 합니다. 이를 실천하기 위해서는 본인의 '결단과 의지'가 필요합니다. 작고 사소한 일도 지속적으로 실천하기 위해서는 많은 인내를 필요로 합니다. 의지의 나약함을 포기의 이유로 꼽지만 자세히 살펴보면 뚜렷한 목적 없이 일단 시작하고 보자는 식의 의식이 문제입니다. 의지를 받쳐줄 분명한 동기가 없었던 것이지요.

어떤 계기로 변화가 시작되며, 그 변화를 가능케 하는 가장 큰 힘은 무엇일까요?

우리는 살면서 다양한 경험을 합니다. 그 경험은 삶의 독이 되기도 하고 약이 되기도 합니다. 그러나 모든 경험은 약도 독도 아닌 체험일 뿐입니다. 스스로의 마음가짐과 행동에 의해 약과 독의

살면서 죽음을 생각하고 다른 관점에서 보려 하는 것은
지금의 삶을 바로 보고자 하는 것입니다.

두 가지 결과물이 생기는 것입니다.

선택은 우리의 몫입니다. 바람직한 변화는 이러한 체험을 약으로 바꾸는 것입니다.

어떤 체험이 지금의 나를 긍정적이고 바람직한 방향으로 유도할 수 있을까요? 그것은 '죽음'에 대한 경험입니다. 그러나 죽음은 경험할 수 없는 유일한 것입니다. 죽음을 체험한 후 다시 삶으로 돌아올 수 있다면 좋겠지만 그럴 수 없지요.

죽음의 문턱까지 다녀온 후 다른 사람처럼 변하고, 큰 병을 앓고 난 다음 더 없이 관대해지고 세상을 보는 눈이 달라졌다고 말하는 사람들이 있습니다. 삶의 중요 순위가 바뀌고 삶의 의미를 비로소 알게 되었다는 사람들도 있습니다.

우리가 살면서 죽음을 생각하고 죽음을 다른 관점에서 보려 하는 것은 지금의 삶을 바로 보고자 하는 것이며, '삶의 진정한 의미와 가치에 대해 제대로 알고 있는가' 하는 질문을 스스로에게 하는 것입니다. 죽음에 쫓겨 허둥대면 삶이 주는 행복과 가치를 온전히 누릴 수 없습니다. 그러면 언제 올지 모르는 죽음 때문에 늘 불안할 것입니다.

죽음에 대한 거부감 없는 수용과 똑바로 바라봄에서 변화는 시작됩니다. 그 안에는 삶의 소중함을 일깨워줄 훌륭한 스승이 있으며 받아들임으로써 훨씬 분명하고 명확해지는 생사의 모습이 있습니다. 생사의 전체를 보는 사람은 한없이 겸허해집니다.

　　일부가 아닌 전체를 보십시오. 삶뿐 아니라 죽음도 함께 보십
시오. 죽음뿐 아니라 삶도 함께 맞이하십시오.

주고받음의 미덕

세상에는 주고받음이 있습니다. 은혜를 갚는 것도, 반대로 앙갚음을 하는 것도 무엇인가 받았기 때문에 주려는 것이고 주었기 때문에 받고자 하는 마음이 생기는 것이지요. 누군가 나에게 해를 끼치면 악한 마음이 생깁니다. 그래서 내가 당한 만큼, 아니 그 이상으로 되돌려주고 싶습니다. 사람이라면 누구나 그런 마음을 가질 수 있습니다.

분노에 찬 사람들은 받은 만큼 돌려주겠다는 말을 합니다. 무엇을 어떻게 받았기에 돌려주겠다는 것일까요? 상대가 진정 받은 것은 무엇일까요? 내가 주려 하는 것이 상대의 눈에 보일까요? 과연 자신이 느끼는 상처는 누가 입힌 것일까요? 복수와 앙갚음은 내가 피해와 상처를 받았다고 생각하는 순간부터 생깁니다.

만일 내가 상처를 받지 않았다면, 피해를 받지 않았다면, 그

내 스스로 상처를 낼 뿐 남이 상처를 주는 것이 아닙니다.
아픔과 상처 모두 내가 만드는 것입니다.

리하여 내 마음에 담아두려는 마음이 없었다면 상처가 될 것도, 아
픔이 될 것도 없습니다. 특히 입으로 짓는 구업(口業)에 관한 것들
은 마음에 그것을 담아두고 상(像)을 만들지 않으면 나에게 털끝만
치도 해로움을 주지 못합니다. 험한 말이나 헛된 말로 분노를 일으
키고 미혹하게 되면 그것은 몸으로 전이되어 몸에 또다른 허물을
짓게 됩니다. 결국 몸으로 짓는 업 중에 대부분이 구업으로써 마음
을 일으키고 분노와 증오의 마음을 품게 되는 데서 비롯되는 것이
많습니다.

경전에 보면 부처님은 부처님을 욕하는 사람에게 분노에 찬
마음으로 흙을 한 움큼 쥐어 뿌려 보라고 합니다. 하지만 바람이 흙
을 던진 사람 쪽으로 불면 흙먼지는 오히려 흙을 던진 사람에게 돌
아갑니다. 결국 자기 자신에게 욕을 한 꼴이 된 것이지요.

누구든지 하루에도 몇 번씩 상처받고 분노로 내뱉는 말들도
마음만 한번 고쳐먹으면 나에게 조금도 해를 끼치지 못합니다. 받
았으니까 돌려주겠다는 마음을 먹는 순간부터 이미 그 말에 굴복
해버린 것입니다. 흙먼지를 뒤집어쓰고 만 것입니다.

생각을 조금만 바꾼다면 어떤 말도 우리의 마음과 생각을 다
치게 하지 못할 것입니다. 분노와 증오와 외로움이 우리의 마음을
침범하지 못할 것입니다. 타인의 말로 인해 내 행동과 모습이 좌지
우지된다면 그야말로 어리석다 할 것입니다.

주고받음이 아름답고 선하다면 더할 나위 없이 좋겠지만, 악의

를 담고 있다면 이때의 주고받음은 참으로 어리석은 행동입니다. 그 어떤 말도 내 마음을 상하게 할 수 없음에도 불구하고 스스로 그것을 받아들이고 아파하며 분노한다면 얼마나 어리석습니까?

현명한 사람은 결코 상대방의 험한 말이나 평가에 마음을 다치지 않습니다.

안과 밖의 눈을 조화롭게

생활 속에서 부딪치는 여러 가지 문제 중에 그 자리에서 해결 방법을 찾는 경우도 있고, 긴 생각 끝에 답을 얻는 경우도 있습니다. 또는 오랜 시간이 흐른 후에 돌이켜 생각해 보다가 문득 답이 떠오르는 경우도 있습니다. 우리가 자신의 문제에 대해서 충분히 시간을 두고 생각한다면 많은 부분에서 되풀이 되는 실수와 과오를 조금은 줄일 수 있을 것입니다.

또한 다른 사람이 상담을 청하거나 고민을 털어놓았을 때 그 사람의 입장이 되어 관심을 기울인다면, 타인의 입장에서 더 많은 것을 보게 될 것입니다.

우리가 갖춰야 하는 삶의 자세 중 하나가 밖으로 향한 눈을 안으로 거두어들이고, 안으로만 향하려 하는 주관의 눈을 상대를 향해 돌리는 것입니다. 어쩌면 산다는 것 자체가 끝없는 문제의 해결

내가 가진 안과 밖의 눈을 조화롭고 평등하게 나누는 것이야말로 수행이며 기도입니다.

과정이고 그 과정의 연속이 삶이라 해도 틀린 말은 아닐 겁니다.

우리의 눈은 앞을 보도록 되어 있습니다. 다른 곳을 보려면 고개를 돌리거나 몸을 돌려야 합니다. 우리가 고개나 몸을 돌리는 수고스러움을 참아내는 경우는 관심을 끄는 대상이 있거나 자신의 필요에 의해서입니다.

생각해 보면 많은 일들이 자신만의 판단으로 결정된다는 것을 알게 됩니다. 타인의 시각을 고려치 않은 자신만의 결정인 셈이지요. 밖으로도 균형 있게 향해야 할 눈이 어느 한쪽에 집중되어 있는 것입니다. 이는 자신의 눈을 과신한 나머지 안으로 향하는 눈만 열고 밖으로 향해야 할 또 다른 눈은 감아버렸기 때문입니다.

불교는 종교를 넘어선 삶 자체에 대한 가르침입니다. 부처님의 가르침은 사찰의 안과 밖을 넘어서 우리가 사는 삶에 대한 명확하고 분명한 문제의 해답입니다. 내 눈으로 봐야 할 세상과 타인의 눈으로 봐야 할 세상이 모두 존재하며, 어느 순간 어느 상황에서도 선택의 순간이 왔을 때 내가 가진 안과 밖의 눈을 조화롭고 평등하게 나누는 것이야말로 수행이며 기도입니다.

지혜로운 삶이란 안과 밖의 눈을 조화롭게 사용하는 것입니다. 기도와 수행을 통해 이를 공부하는 것이 불교이며 수행입니다. 그렇다고 절에서만 통용되는 기도와 수행에 국한된 것은 아닙니다. 누구나 삶 가운데 구체적으로 적용되고 활용되는 기도와 수행을 할 수 있다면 그것이 곧 부처님의 가르침을 실천하는 길입니다.

거울의 미학(美學)

중국의 전성기를 열었던 당태종 이세민(李世民)은 그의 치세를 기록한 《정관정요(貞觀政要)》에서 자신이 갖고 있는 세 개의 거울에 대해 말합니다. 첫 번째는 일반적 거울로, 단장을 하거나 매무새를 고칠 때 사용하는 물건입니다. 두 번째 거울은 신하 위징(魏徵, 580~643)으로, 중국 역사상 몇 손가락 안에 드는 충신(忠臣)으로 이세민을 도와 정관의 치(治)를 연 인물입니다. 마지막 세 번째는 고금(古今)의 일을 기록한 역사입니다.

자신의 명을 받드는 신하를 거울로 삼은 당태종의 의도는 무엇이었을까요? 거울의 조건은 '맑음'입니다. 더럽고 오물이 묻어 있으면 비추려는 대상을 제대로 담을 수 없기 때문입니다.

위징은 그 거울의 역할을 훌륭히 수행했는데, 때로 지나치다 싶을 만큼 직선적이고 분명해서 황제를 곤란하게 만드는 경우가

허다했습니다. 참을 만큼 참던 당태종이 자신의 잘못을 지적해주는 것은 좋으나 사람이 없을 때를 살펴 말해 달라 부탁했습니다. 신하들과 황후가 있는 곳에서 아이 꾸짖듯 하는 것은 지나치니 황제의 위신도 고려해 달라는 말이었습니다. 이에 위징은 "듣는 것이 불편하면 잘못된 일을 하지 않으면 되는 것을, 어찌 스스로 잘못된 점을 반성할 생각은 하지 않고 충언의 장소를 가려 달라 하십니까? 그렇게 할 수는 없습니다"라고 했습니다.

사료(史料)에 의하면 위징이 당태종에게 공식적으로 직언한 횟수가 200여 회가 넘는다고 합니다. 내용도 다양해서 정치, 경제, 외교, 국방에서부터 심지어는 당태종의 사생활에 관한 부분까지 서슴없이 지적했다고 합니다. 공식적인 기록이 200여 회면 기록되지 않은 것까지 합친다면 당태종은 위징이라는 거울 앞에서 참으로 철저하게 점검받았다고 볼 수 있을 것입니다.

십수 년 동안 200여 회 이상의 충언으로 거울이 되었던 위징이 죽은 후 고구려 원정에 패해 돌아온 당태종은 그가 살아있었더라면 목숨을 내놓고 원정을 말렸을 것이라며 통곡했다는 이야기가 전해집니다. 정관의 치(治)는 충직한 신하와 그 신하를 거울 삼아 자신을 살폈던 현명한 왕의 노력으로 가능했던 것입니다.

세 번째 거울은 역사입니다. 우리는 '역사가 주는 교훈'이라는 말을 자주 사용합니다. 잘된 것은 그대로 계승하고 잘못된 점은 원인을 찾아 개선하기 위해 역사를 공부합니다. 역사는 부끄러우

종교란 자신을 향해 있는 거울입니다.

면 부끄러운 대로, 자랑스러우면 자랑스러운 대로 버릴 것 없는 소중한 자산입니다. 교훈과 경험은 실패와 성공에서 모두 얻을 수 있습니다.

역사학자 E. H. 카(Edward Hallett Carr)는 역사를 "현재와 과거의 끊임없는 대화"라고 정의했습니다. 당태종은 《정관정요(貞觀政要)》에서 시대의 흐름과 국가의 흥망성쇠를 역사의 거울을 통해 본다고 말했습니다. 일어나고 무너지는 과정을 살펴 미리 준비하고 경계한다는 뜻입니다. 과거를 통해 현재를 조명하는 것, 그것이 역사를 세 번째 거울에 비유한 이유일 것입니다.

거울은 겉모습만 비춥니다. 밖으로 드러난 모습만 보여줄 뿐 내면의 생각들을 비추지 못합니다. 우리는 매일 거울 앞에서 옷매무새를 다듬지만 마음에 이는 탁하고 어두운 감정의 회오리를 살피지는 못합니다.

위징이 아니더라도, 역사의 준엄함을 언급하지 않더라도 거울은 필요합니다. 종교라는 것 또한 자신을 향해 있는 거울이 아니겠습니까? 어떤 가르침이든 바르고 선한 삶으로 이끌고 비춘다면 시대의 거울로서 필요한 것이라 생각합니다.

미당(未堂) 서정주는 〈국화 옆에서〉란 시에서 다음과 같이 노래합니다.

젊음의 뒤안길에서 인제는 돌아와 거울 앞에 선

내 누님같이 생긴 꽃이여

　오늘도 거울 앞에 섭니다. 육신의 모습 너머 오감(五感)의 골짜기를 지나 오롯한 불성의 바탕에 거울을 비춥니다. 그곳에 나를 세웁니다.

열린 마음

세상에는 참으로 많은 일들이 일어나며, 그것은 객관적 사실과 그에 대한 개인의 판단으로 나뉩니다. 사실을 접한 개인은 여러 단계의 사고작용을 거쳐 판단을 내립니다. 사실에 대한 반응이지요. 처음 그것을 접한 이후 다양한 경로를 통해 얻은 정보와 지식, 주위의 생각을 종합하여 틀을 만들고 그것에 따라 사실에 대한 자신의 입장을 정리하게 됩니다. 이러한 생각들이 동의의 의견을 표출하게 될 때 정치적 의미를 띠거나 여론이 되기도 합니다.

많은 일 때문에 삶이 복잡하며 시간에 쫓긴다고 말합니다. 매일 다른 일이 생기고 시시각각 달라지는 상황에 적응하려다 보니 한 가지 일에 집중할 여력이 없다고 합니다.

바쁨은 변화의 의미를 포함하고 있습니다. 무엇인가 달라지고 있다는 것이지요. 어떤 방향이든 움직이고 있다는 겁니다. 그 상

중요한 것은 '내 삶에 어떤 일이 생겼는가' 가 아니라
그 일을 대하는 나의 자세입니다.

황에 어떻게 대처하고 행동할 것인가 고민하게 만들고 바른 판단
과 선택을 신속하게 요구하는 것입니다.

우리가 사는 세상이 복잡해지고 쉽게 선택할 수 없는 일이 생
기는 것은 단순히 일이 발생했다는 것이 아니라, 변화의 과정에서
기존의 방식과는 다른 해결책이 요구되는 것입니다. 변화에 대처
하고 적응하는 방식을 보면 그 사람의 스타일과 사고방식을 이해
할 수 있습니다.

얼마 전 하버드대 심리학 교수가 발표한 연구 결과는 많은 생
각을 하게 합니다. 그의 연구 결과에 따르면 우리가 삶을 살면서 부
딪치는 일 가운데 객관적 사실은 10퍼센트가 안 된다고 합니다. 나
머지 90퍼센트는 그 사실에 대한 반응이라고 하지요. 많은 일들이
일어나고 그 일 때문에 복잡한 것 같지만, 사실은 그 일에 대한 나
의 반응과 태도로 인해 문제가 더 얽히게 되는 것입니다. 그리하여
우리는 항상 일에 둘러싸여 있다고 느끼게 됩니다. 하나하나 껍질
을 벗겨 보면 결국은 어떤 하나의 사실에 대해 나의 감정이 각각 반
응하는 것입니다. 그러나 그것을 느끼는 자신은 여러 가지 일이 동
시에 일어난 것처럼 착각을 하게 되지요.

희로애락의 감정은 하나의 사실을 전혀 다른 여러 가지 모습
으로 만들어버립니다. 그래서 각각의 모습에 끌려 다니다 보면 본
래의 사실보다는 그 감정에 묻혀 헤매고 있는 자신을 발견하게 됩
니다. 어떠한 사실을 인식하고 문제를 해결하기보다는 자신의 반

응과 감정에 많은 관심을 기울이기 때문에 공연히 에너지를 소비하게 됩니다.

중요한 것은 '내 삶에 어떤 일이 생겼는가'가 아니라 그 일을 대하는 사람의 자세와 태도입니다. 10퍼센트의 사실이 있다면 그것에 합당한 시간과 노력 에너지를 사용해야 합니다. 하나의 사실에 부질없는 허세와 비교를 하느라 문제 해결에 쏟아야 할 정열이나 에너지를 엉뚱하게 낭비한다면, 그것은 오히려 일을 더욱 복잡하고 피곤하게 만듭니다.

일이 발생했을 때 변화의 가능성을 내포한다는 것은 기존의 생각과 틀을 넘어 새로운 가능성을 항상 열어두어야 함을 의미하기도 합니다. 열린 마음으로 사물과 상황을 대해야 한다는 것이지요.

일이 많다고 생각하는 사람이나 하루 종일 일 때문에 다른 것은 엄두를 못 낸다고 하는 사람들은 가만히 생각해 보세요. 지금 당장 내 눈앞에 일어난 일은 전체의 10퍼센트일 뿐이며, 나머지는 그 일에 대한 반응입니다. 이 반응을 효과적으로 잘 관리한다면 삶의 아주 많은 부분을 내 것으로 만들 수 있습니다. 사실을 바꾸려 애쓰는 것이 아니라 내 자신을 그 일에 맞게 변화시키기 때문입니다.

비움과 채움

노자의 《도덕경》에 '鑿戶牖以爲室 當其無 有室之用'이라는 구절이 있습니다. '문과 창을 내어 방을 만드는데 안이 비어 있기에 방으로 쓸 수 있다' 라는 의미입니다. '텅 비어 있기에 비로소 쓰임이 있다' 는 것이지요. 이 외에도 노자는 수레바퀴와 그릇의 예를 들어 비어 있음의 유용함에 대해 말합니다.

텅 빔의 유용성을 강조한 노자에 비해, 현대인은 채움에 더 많은 관심을 보입니다. '그 속에 무엇을 채울까?' '무엇을 더 넣어서 남과 다른 새로움을 추구해 볼까?' 한마디로 비어 있는 모습을 참지 못합니다. 무엇인가 채워서 가득해야 합니다.

우리가 행복하다고 느끼는 정서도 이 포만감의 느낌을 비유해서 말하곤 합니다. 이 채움의 생각은 우리 생활 곳곳에서 찾아볼 수 있습니다. 새로 집을 장만하여 이사를 하는 경우, 고가의 가구와

여백에서 여유가 생기며, 그 속에서 지혜와 너그러움이 솟아납니다.

장식품을 가득 채워 정작 사람이 들어갈 공간이 부족하다면 그곳은 방의 기능을 잃은 것입니다. 그곳은 가구와 장식품을 쌓아놓은 창고에 불과합니다. 비어 있는 곳에 적당한 가구가 놓이고 적절하게 꾸며져 사람과 조화를 이룰 때 비로소 방이라는 이름에 어울리는 모습이 됩니다.

하늘을 보고 위안을 얻고, 바다와 들판에서 활기를 찾는 것은 그곳이 비어 있기 때문입니다. 휑하니 비어 보이지만 그 텅 빔 속에서 우리가 너무 많이 가졌고 너무 많이 채우려 한다는 것을 깨닫고, 우리가 지고 있는 무거움을 내려놓을 공간이 거기에 있기에 홀가분함을 느끼는 것입니다.

사회구성원들의 갈등과 부딪침도 모두 양보 없는 마음으로 가득 차 있기 때문입니다. 만일 그 마음을 들여다볼 수 있다면 바늘 하나 들어갈 틈조차 없을 것입니다.

여백에서 여유가 생기며, 그 속에서 지혜와 너그러움이 솟아납니다. 옴짝달싹 못 할 만큼 가득 채워진 마음은 본래의 기능을 상실할 수밖에 없지요.

한때 "마음을 비웠다"라는 말이 회자된 적이 있습니다. 그 속뜻은 '욕심을 버렸다'는 의미였지요. 즉 비움의 의미는 과욕을 삼간다는 뜻이고, 채움은 어떤 미사여구를 사용한다 해도 그 본질은 과욕에 가깝다는 뜻입니다.

주장과 뜻이 고무풍선처럼 부풀어 터질 듯 불안한 상황에서도 여전히 부족하고 더 채워야 이길 수 있다는 어리석은 생각을 한다면, 비우기도 전에 터져버리는 슬픈 상황을 지켜봐야 할 것입니다.

채우기 위해 대상을 망가뜨리고 파괴하는 상황에 이르러서는 안 됩니다. 비움의 자리를 훼손하는 우를 범해서는 안 됩니다. 채운 것을 덜어내고 비움으로 돌아갈 그 자리만은 남겨 놓아야 합니다.

어떤 이유에서건, 어떤 논리가 작용하든지 마음이 성숙된 사고와 정상적인 기능을 할 수 있도록 조금 덜어내야 합니다. 그 여백이 상대의 생각에 닿을 수 있는 통로를 만들고 나눔의 기회를 만들어 서로 다가가는 계기가 되도록 해야 합니다.

비움으로써 채움의 유용함을 완성하는 자연의 이치처럼, 우리의 삶과 자연이 떨어질 수 없는 한 부분이라면, 비움의 유용함을 우리 삶에 적용하는 것은 어떨까 생각해 봅니다.

참회로 비우고 새롭게 채우세요

살다 보면 채워야 할 것도 있고 비워야 할 것도 있습니다. 채움과 비움을 적절히 하지 못하면 삶이 힘들어지고 때로는 당황스러운 일을 겪기도 합니다. 어느 것을 채우고 무엇을 비워야 할까요? 채워야 하는 것과 채우고 싶은 것이 있습니다. 전자가 의무의 뉘앙스를 띠고 있다면, 후자는 바람을 담고 있습니다.

여러분은 어느 것을 비우고 어느 것을 채우시겠습니까? 비우고 난 자리에 무엇을 채워야 할까요? 우리가 채우고 싶은 것을 하나둘씩 채우다 보면 아마도 전에 비웠던 것과 똑같은 것을 다시 채우게 됩니다. 그토록 노력해서 겨우 비워낸 공간에 예전 것들을 다시 채우려 할지도 모릅니다. 그러면 또 비움의 과정을 되풀이해야 합니다. 이것이 중생의 어리석음이며 우리네 삶입니다.

되풀이 되는 과정에 지치기도 하고 부질없다 생각하여 중단

내 마음을 차지하고 있는 모든 것을 향해 참회의 거울을 비추십시오.

하기도 합니다. 때로는 부처님의 가르침에 대해 회의를 갖기도 합니다. 그러나 되풀이 되는 과정에서 중요한 것이 있습니다. 새로운 것을 채우겠다는 마음입니다.

비우는 방법은 각자의 근기에 따라 여러 방편이 있겠지만, 개인적으로 ‘참회’를 강조하고 싶습니다. 참회를 통해 내 마음의 공간을 만들어가는 것입니다. 빈틈없이 채워진 곳에 통로를 만드는 것입니다. 내 마음을 차지하고 있는 모든 것을 향해 참회의 거울을 비추는 것입니다. 비움의 의미는 버림의 의미, 털어버리는 의미가 아닌 참회의 자기반성이어야 합니다.

또다시 중생의 삶을 살지라도 자기반성에 대한 확고한 성찰의 끈을 놓지 않는다면, 그 빈 공간에 채워질 그것은 분명 전과는 다를 것입니다. 우리가 비우려 하고 다시 채우려 하는 그 무엇이 전과는 다른 새로운 것이고, 비우고 버려야 할 것이 점점 줄어드는 과정, 그것이 ‘수행’이 아니겠는지요. 설혹 줄어드는 것이 눈에 보이지 않더라도 분명 한 걸음씩 부처님께 더 가까이 다가가고 있음을 흔들림 없이 믿는 것, 그 믿음이 불교적 신심이라 할 수 있을 겁니다.

독백의 시대

언어는 생각을 표현하는 도구로, 개인의 생각은 언어를 통해 구체화되고 전달됩니다. 인간처럼 정교한 체계는 아니지만 동물들도 나름의 방법으로 소통합니다. 카를 폰 프리쉬(Karl von Frisch)는 꿀벌의 신호 방법을 연구해 노벨상을 수상했는데, 그 내용이 흥미롭습니다.

꿀벌 세계에도 사투리가 존재하며 꿀이 있는 장소, 그 장소까지의 거리, 꿀의 품질 등 여러 정보를 동작을 통해 전달한다는 것입니다. 모든 생물들이 자연을 향해 혹은 동종의 집단을 향해 꼭 필요한 무엇을 전달하는 방법을 갖고 있다는 것이지요.

인간 진화의 중요한 요소로 언어 사용을 꼽습니다. 그만큼 언어는 문명사회를 이뤄내고 발전시켜온 축입니다. 문자가 없다면 모든 것을 기억에 의지해 전달해야 하지만, 인류는 언어를 통해 많은 지식과 정보를 다음 세대로 이어왔습니다.

언어 습득의 일차 목적은 대화입니다. 말의 기능에는 자신의 뜻을 전달하고 상대의 생각을 이해하는 것이 포함되어 있습니다. 그러므로 대화는 타인을 이해하는 데 반드시 필요합니다.

언어의 일차 목적이 상대와 나의 소통에 있지만, 언어로 인해 오히려 거리가 생기고 상대에게 거부감을 느끼게 되기도 합니다. 언어를 사용하지 않을 때보다 관계를 더 악화시키는 것이지요. 서로 생각을 나누고 바람직한 방법을 모색하기 위한 대화가 엉뚱하게도 사람 사이의 관계를 망가뜨리고 증오하는 방향으로 나아가는 것입니다.

인간의 언어에는 자신의 상태를 나타내는 표현이 많습니다. 좋고 아름다운 내용도 있고, 상스럽고 불쾌한 것도 있습니다. 특히 인간의 희로애락을 표현하는 어휘들은 너무도 복잡하고 다양합니다. 희로애락, 언뜻 보기에는 네 가지의 감정이지만 생활에서는 수십 가지, 수백 가지의 색깔로 바뀝니다. 기쁨에도 그 정도와 상태가 다른 여러 가지 표현이 있습니다. 분노도 마찬가지입니다.

감정을 나타낼 때, 특히 분노를 드러낼 때는 짧고 단순할수록 좋습니다. 분노의 크기를 보여주고 위협하기보다는 화가 나 있음을 표한 후 간단히 그 이유와 까닭을 설명하는 것입니다. 분노와 성냄, 비난과 지적은 단순하고 절제된 몇 개의 단어와 문장만으로도 충분히 표현할 수 있습니다.

서로를 이해할 언어를 찾지 못한다면 우리는 늘 이방인으로 살게 될 것입니다.

그런데 우리는 필요 이상의 표현과 어휘를 사용하여 현재의 상태를 설명합니다. 분노와 괴로움, 공격의 언어는 조심스럽게 사용해야 합니다.

반면 좀 더 자주 사용하고 풍부해져야 할 언어들은 좀처럼 늘지 않습니다. 자신이 사용하는 언어를 한번 주의 깊게 들여다보세요. 자신의 요구를 상대에게 전하는 말이 대부분입니다. 내 마음은 닫아놓은 채, 알고 있는 모든 어휘와 문장을 동원해 철저하고 분명하게 나의 요구를 전달합니다. 상대도 마찬가지입니다.

이렇게 이루어지는 대화는 오랜 시간, 온갖 단어를 동원해도 서로의 마음에 다다르지 못합니다. 그러므로 우리의 소통 부재는 어휘의 빈약함이나 문장구조에 있는 게 아닙니다.

흔히들 '독백의 시대'라고 합니다. 현대인은 처음부터 끝까지 혼자 대사를 읊는 모노드라마 속 주인공의 모습과 같습니다.

정교한 언어를 가지고 있으면서도 인간은 왜 말이 통하지 않는다고 할까요? 생태학자들에 따르면 어류는 10~15가지, 조류는 15~25가지 정도의 신호체계를 갖고 있다고 합니다. 동물 중에 가장 훌륭한 의사전달체계를 갖춘 인간이 늘 소통의 부재로 고통 받는 것을 어떻게 설명해야 할까요?

서로를 이해할 언어를 찾지 못한다면 우리는 늘 이방인으로 살게 될 것입니다. 낯선 곳에서 언제나 처음 보는 사람과 마주하게 될 것입니다.

성내는 마음, 불조심 하세요

《법구경》은 범어로 '진리의 말씀' 이라는 뜻을 가지고 있습니다. 게송의 형태로 되어 있어서 구절구절 음미하면서 읊다 보면 부처님의 생생한 육성을 듣는 듯 마음이 평화로워집니다. 《법구경》에 보면 "우리의 몸은 마른 섶과 같고 성난 마음은 불과 같아서 남을 태우기 전에 먼저 제 몸을 태운다. 한순간의 성난 마음은 능히 착한 마음을 태운다" 라는 구절이 있습니다.

불이 아주 잘 붙는 마른 섶이 있다면 그 주위에서는 조그만 불씨라도 조심스럽게 다루어야 합니다. 인화성 물질이 가득한 곳에서 불을 조심성 없이 다루면 불행한 결과를 가져올 수 있기 때문입니다. 불을 옮기거나 다룰 때에는 화재로 이어지지 않도록 각별히 주의해야 합니다.

마찬가지로 내 몸이 마른 섶이라면 스스로 불을 대함에 신중

해야 합니다. 그런데 마른 섶과 같은 우리 몸에 자신의 손으로 불을 댕기려고 합니다. 말 그대로 마른 섶에 불을 지피는 것이지요. 이것이 '성내는 마음'입니다. 화를 내는 순간 마른 섶인 내 몸에 먼저 불이 붙고 연기가 피어오릅니다. 분명 상대에게 분노를 풀기 위함이었지만, 그 불길이 상대에게 닿기도 전에 내 몸을 태워버립니다. 상대를 태우려 지폈던 불에 자신이 먼저 타는 것입니다. 불을 놓은 사람이 자기 자신이기에 누구를 원망할 수도 없습니다.

우리 몸은 마른 섶과 같아서 조그만 불씨에도 불이 붙습니다. 그만큼 잘 다루어야 하고 조심스럽게 행동해야 합니다. 마음은 언제든 불을 댕길 조건을 갖추고 있기 때문에 항상 잘 살피고 제어하지 않으면 어느 순간 나 자신을 태워버리는 무서운 불이 됩니다.

사람들은 그토록 위험한 물질을 지니고 있음에도 거리낌 없이 행동합니다. 그러다 결국 자신은 물론이고 자신이 아끼던 소중한 사람들을 태워버리는 실수를 범하기도 합니다. 평소에 선행을 하며 바르게 살던 사람도 한순간 방심하여 모든 공덕을 태워버리기도 합니다.

'착함'의 반대는 '악함'이 아닌 '성냄'입니다. 선행의 맞은 편에는 악행이 아닌 성냄이 있습니다. 선함의 종자를 뿌리까지 흔들고 짓밟는 것은 성냄의 흉포한 불길이고, 그것이 휩쓸고 지나간 자리는 재만 남을 뿐 아무것도 남지 않습니다.

"우리의 몸은 마른 섶과 같고 성난 마음은 불과 같아서 남을

진정 무서운 것은 내 마음속 성냄의 불길입니다.

태우기 전에 먼저 제 몸을 태운다. 한순간의 성난 마음은 능히 착한 마음을 태운다”는 《법구경》의 구절을 가슴에 새겨 겨울뿐 아니라 사시사철 내 마음의 불을 조심하자는 ‘불조심’의 표어를 마음에 담았으면 합니다.

진정 무서운 것은 24시간 나와 함께 있는 내 마음속 성냄의 불길입니다.

지금이 시작입니다

시간은 머무는 일 없이 흘러갑니다. 처음과 끝을 알 수 없고 어디서부터 시작되었고 어디가 끝인지 알지 못합니다. 그러나 우리는 그 시작을 자신의 출발점에 두고 결말 또한 자신의 삶이 다하는 곳에 둡니다.

시간의 영원성은 시간 고유의 본질인지는 몰라도 그러한 영원성이 개인적인 측면에서는 직접적으로 아무런 의미가 없습니다. 나란 존재는 시간과 공간의 제약을 받는 존재이기 때문입니다. 시간이 다함 없다 한들 내게 주어지는 것은 처음과 끝이 분명한 구체적 삶이기 때문입니다.

우리는 일반적인 의미의 시간이 아니라, 삶 속에서 구현되는 구체적인 시간을 생각하고 고민해야 합니다. 한정되고 제약된 자신의 몫입니다.

시작도 끝도 없는 시간이라는 존재를 나누면서 과거와 현재, 미래라는 각각 다른 이름을 부여했습니다. 시간의 영원성에서 보면 부질없는 것인지는 몰라도 구체적인 삶을 살아가는 데 필요한 것이기 때문입니다.

그러나 생활의 편리와 질서를 위해 나눈 시간으로 인해 오히려 삶이 구속되고 망상에 집착하는 어리석음이 생겨나기도 합니다. 《잡아함경》에서 "지나간 일에 대해 근심하지 않으며 미래에 대해 집착하지 않는다. 현재 얻어야 할 것에 대해 바른 지혜로 최선을 다할 뿐, 따로 마음을 쓰지 않는다"라고 하였습니다. 이는 시간을 나눌 때 모든 시간의 중요성은 현재에 있으며, 지금 하는 일과 일어나는 일 모두 그 중심에 현재가 있음을 말하는 것입니다.

현재를 살면서 마음은 과거의 근심에 묶여, 다가올 미래에 대해 아무런 준비도 하지 않고 지금을 보내고 있다면 다가올 미래 또한 과거와 크게 다르지 않을 것입니다. 그 미래는 곧 과거의 근심이 되어 또다시 현재의 자신을 괴롭힐 것입니다. 그러므로 우리가 살고 있는 현재의 자리가 얼마나 중요한지 알 수 있습니다. 순간순간이 얼마나 소중한지 알 수 있습니다.

과거와 미래에 대한 근심과 허황한 생각을 《잡아함경》에서는 "우박이 초목을 때리는 듯 어리석음의 불로 자신을 태우는 것과 같다"고 했습니다. 누구에게나 근심은 있습니다. 미래에 대한 꿈과 이상도 있습니다. 이는 모두 현재를 통해 풀고 해결해야 할 문제입

지금 이 순간 최선을 다하는 것이 미래를 대비하는 가장 현명한 방법입니다.

니다. 과거에 묻혀 현재를 낭비하거나 미래에 대한 막연한 기대감으로 현재를 소홀히 한다면, 과거의 근심은 더 크게 다가올 것이며 미래의 꿈과 이상은 말 그대로 꿈으로 끝나버릴 것입니다.

현재, 이 순간을 놓친다면 과거와 미래도 없습니다. 지금 이 순간 안에 후회 없는 과거와 준비하는 미래, 모든 것이 담겨 있습니다. 따로 미래를 준비하십니까? 지금 이 순간을 열심히 사십시오. 그것이 미래를 대비하는 가장 현명한 방법입니다.

존재와 거리

함께 있되 거리를 두라

그래서 하늘 바람이 너희 사이에서 춤추게 하라

서로 사랑하라

그러나 사랑으로 구속하지는 말라

그보다 너희 영혼과 영혼의 두 언덕 사이에 출렁이는 바다를

놓아두라

함께 노래하고 춤추며 즐거워하되 서로 혼자 있게 하라

마치 현악기의 줄들이 하나의 음악을 울릴지라도 줄은 서로

혼자이듯이

위의 글은 레바논에서 출생한 시인이자 화가였던 칼릴 지브

란(Kahlil Gibran)의 시입니다. 칼릴 지브란은 세계 40개 언어로 번역된 《예언자》의 작가로, 그의 작품은 우리나라에서도 번역 출간되어 많은 사랑을 받았습니다.

시 감상법은 개인마다 다르고 얻는 메세지 또한 다양하지만, 연애나 사랑의 느낌에서 한 발 나아가 삶의 지혜에 주목하며 시를 읽었으면 합니다. 사람과 사람, 세상의 관계로 인식의 지평을 확대하다 보면 조금 더 많은 것을 볼 수 있지 않을까 합니다.

우리는 많은 사람들과 함께 살고 있습니다. 원하든 원하지 않든 그들과의 교류 속에서 마음을 다치기도 하며, 분노에 몸을 떨다가도 언제 그랬냐는 듯 사랑에 빠지기도 합니다. 친한 사람과 그렇지 않은 사람을 나누기도 합니다. 내 마음을 알아주고 내 편이 되어주는 사람은 친구가 됩니다. 친구가 되면 서로 많은 이야기를 주고받으며 상대를 위해 기꺼이 시간을 할애합니다. 상대가 원하기도 전에 도움을 주고 기쁨을 느끼기도 합니다. 이는 사람끼리 친해지는 자연스러운 과정입니다.

그런데 친하지 않았을 때는 서로 상처를 주거나 힘들게 하는 일이 없었지만, 가까워지고 난 후부터는 다툼도 생기고 별것 아닌 일에 감정이 부딪칩니다. 서로 이해를 요구하며 책임의 중심에 상대를 올려놓고 자신에게는 스스로 관대해집니다. 이런 과정이 반복되다 보면 서로에게 백기를 들게 됩니다.

누구도 이런 결말을 원치 않았음에도 왜 이런 일이 일어날까

사람과 사람 사이에도 서로 오갈 수 있는 통로가 필요합니다.

요? 친한 사람을 아프게 한 사람들은 그것이 한 번으로 끝나지 않고 습관처럼 되풀이 된다는 것을 알 것입니다.

우리는 틈을 찾을 수 없을 정도로 밀도가 높으면 '친하다', '가깝다' 고 여깁니다. '거리감' 이라는 말은 서먹함이나 어색함 같은 쉽게 다가갈 수 없는 느낌을 표현하기 위해 사용합니다. 반면 '친함' 이란 그 거리를 줄이고 좁혀 간격이 없는 것을 의미합니다.

너무 거리를 없앤 나머지 아무런 틈도 두지 않을 때, 간격이 없을 때 문제가 생깁니다. 사람과 사람 사이의 간격을 없애는 것이 반드시 바람직한 것일까요? 그 간격을 친함의 부정이라고 생각하기에 우리는 그 간격을 메우는 데 노력을 집중합니다.

하지만 생각과 달리 상황은 거꾸로 가버립니다. 관계의 증진은 친밀감과 더불어 이해와 배려의 깊이로 나타나야 하는데, 시비를 가리고 관심이라는 이름을 빌어 상대의 삶에 간섭하고 참견합니다. 또한 마음대로 자신의 삶에 편입시키려 합니다.

간벌은 숲의 환경을 생육의 공간으로 만들어 생장을 촉진하고 우량한 목재를 얻기 위한 작업입니다. 가지를 정리하고 나무와 나무 사이에 적당한 간격을 만들어주는 것입니다. 이는 햇빛과 바람이 풍부하게 드나들게 해주기 위해서입니다.

빽빽하고 울창한 숲이 나무끼리의 마찰로 한순간에 잿더미로 변하는 것을 봅니다. 서로 공간과 영역을 인정하는 거리가 있었다면 그러한 일은 없었을 텐데 말이지요. 나무와 숲을 지키기 위해서는 빈틈 없이 나무를 심는 것은 옳지 않습니다. 적당한 거리와 공간을 만들어줌으로써 풍요로운 숲을 가꿀 수 있다는 교훈을 보아야 합니다.

이와 같이 사람과 사람 사이에도 통로가 필요합니다. 그 통로는 서로 성숙과 성장을 돕는 최소한의 공간이며 영역입니다. 너와 나 사이에 오갈 수 있는 소통의 여백이며, 전체를 볼 수 있는 최소한의 거리입니다. 눈과 거리 없이 놓인 사물은 모양과 크기를 알 수 없습니다. 적당한 거리와 간격이 있을 때 비로소 전체가 한눈에 들어옵니다.

영혼과 영혼 사이에 바다를 두어도, 홀로 현악기의 현으로 남아도 단절과 적막은 아닙니다. 상실과 멀어짐이라고 생각하는 관념에서 벗어나야 합니다. 거리는 서로를 성숙케 하는 생장의 공간임을 깨달아야 합니다. 영혼과 영혼 사이에 있는 바다, 현과 현 사이의 간격, 그것이 주는 의미를 다시금 새겨 봅니다.

중도(中道)에 대한 생각

우리가 흔하게 사용하는 말 중에 '중도'라는 것이 있습니다. 글자 그대로 해석하면 '가운데 길'이라는 뜻입니다. 부처님의 가르침 가운데 핵심적인 것을 꼽으라면 중도 사상일 것입니다.

그런데 이 중도를 말하면서 '가운데 길'이라는 글자의 뜻에만 생각이 머물러, 이것도 저것도 아닌 중간을 취하는 것이 중도라고 생각하는 사람들이 있습니다. 이러한 이해는 불교에 대한 그릇된 인식을 심어줍니다. 그래서 불교는 모호하다, 애매하다, 이것도 아니고 저것도 아니고 불분명하다고 하는 것입니다.

과연 불교가 모호합니까? 불분명합니까? 애매한 것을 진리라고 말할 수 있을까요? 부처님께서 불분명하게 말씀하셨다면 그것을 따를 수 있을까요?

부처님께서 말씀하신 중도는 우리가 일반적으로 말하는 '가

어떤 것도 가미하지 않고 사물을 있는 그대로
보는 것이야말로 진정 정확한 관점입니다.

운데'의 개념과는 다릅니다. 가운데는 중심이라는 뜻입니다. 이 중심이 갖는 가장 큰 의미는 어느 한쪽에도 치우치지 않는다는 것입니다. 치우치지 않는다는 것은 어느 한쪽으로 쏠리지 않으며 중심이 안정되어 있음을 의미합니다.

중도의 사상을 말할 때의 중심은 양 극단을 배제한 것입니다. 왜 양 극단의 배제가 중도의 한 부분이 된 것일까요? 좋음과 싫음, 사랑과 증오, 관심과 무관심, 아름다움과 추함 등 극단은 여러가지일 수 있습니다. 각각 반대편에 있는 것들을 배제한다면 무엇이 남을까요? 어떤 개념이 있다고 가정할 때 정확한 중심에 이르렀다면, 그 중심을 어느 쪽의 개념으로 이해해야 할까요?

중심은 왼쪽도 오른쪽도 아닙니다. 이쪽을 사랑이라 하고 저쪽을 미움이라 할 때, 그것들이 점점 거리를 좁히다가 정확한 중심에 이르면 그것을 사랑이라고 말할 수 있을까요? 아니면 미움이라고 해야 할까요? 정확한 중심에서는 어떤 개념적 의미로서 낱말적인 상황을 떠난 상태입니다. 정확하게 설명하자면 사랑도 미움도 아닙니다.

중도적 관점이라는 것은 무엇을 뜻하는 것일까요? 가운데를 보는 걸까요? 가운데를 보려면 어떻게 해야 하는 걸까요? 우리가 중도적 관점을 유지한다는 것은 가운데를 보는 것이 아닙니다. 왜 부처님은 양 극단을 배제했을까요? 여기에 해답이 있습니다. 중도라는 것은 사물을 있는 그대로 보고자 하는 것입니다. 나의 생각,

고정관념, 아집으로 보는 것이 아니라 있는 그대로 보는 것입니다.

아름다움이든 추함이든 한쪽으로 보는 것은 중심을 유지한 관점이 아닙니다. 나의 관점으로 다른 이의 관점과 만나게 되면 이견이 생겨 충돌하게 됩니다. 내가 보는 것이 옳으며 나의 생각을 따르는 것이 옳다는 독선이 생기게 됩니다. 양 극단을 배제한 이유는 그 양 극단이 사물을 있는 그대로 보는 것을 막기 때문입니다. 어떤 것이든 두 개의 끝은 중심에서 가장 멀리 떨어져 있어서 중심과 가장 상반된 모습을 가지고 있으며 가장 이질적인 생각들이기 때문입니다.

사물을 있는 그대로 본다면, 어떤 것을 존재하는 그대로 본다고 한다면, 그곳에는 미움도 사랑도 추함도 아름다움도 없습니다. 사물들은 스스로 아무 말도 하지 않습니다. 단지 사람들이 만들어 낸 이름일 뿐입니다. 이러한 곳에서는 다툼이 있을 수 없습니다. 갈등이 있을 수 없습니다. 있는 그대로일 뿐이고 그 자체로 있을 뿐입니다.

부처님의 중도 사상은 불분명하고 애매한 것이 아닙니다. 어떤 것도 가미하지 않고 사물을 있는 그대로 보는 것입니다. 이것이야말로 진정 정확한 관점입니다. 바르고 정확하게 보는 중도의 관점을 모호하고 애매하다고 생각한다면 이것이야말로 어리석음의 극치입니다.

중도의 가르침은 우리에게 어떤 것이든 있는 그대로의 모습

을 보기 위해 노력하라고 가르칩니다. 중도에 대한 바른 이해는 고
정관념을 배제하고 모든 것을 있는 그대로 보려는 노력으로부터
시작됩니다.

미움을 미움으로 갚는 것

살다 보면 이런 일 저런 일을 겪습니다. 어떤 때는 참으로 참기 힘들고 억울해서 화가 날 때가 있습니다. 이렇게 생긴 화는 반드시 대상이 있기 마련인데, 그 대상에 대해 미워하는 마음이 생기게 됩니다. 그리고 그 화를 푸는 길은 화가 난 만큼의 고통이나 모욕을 돌려주거나 그 사람을 당황하게 하는 것이라고 생각합니다.

과연 나를 화나게 하는 대상에 대해 앙갚음을 하는 것이 화를 푸는 가장 좋은 방법일까요? 미워하는 마음이 있어야 상대에게 해를 안겨줄 수 있습니다. 화를 만든 마음은 미움과 연결되면서 그 결과물을 만들어냅니다. 그것은 여러 가지 형태로 나타나면서 상대에게 부정적인 영향을 끼칩니다.

그런데 그 부정적인 영향이 오롯이 상대에게만 갔을까요? 《잡아함경》에 보면 바람을 마주하여 먼지를 털면 그 먼지가 다시 자신에게로 돌아오듯이 미움 또한 그렇다는 말씀이 있습니다. 우리는 사람을 미워하며 그런 사람이 되지 않기를 바라면 그것이 상대에게만 해당된다는 어리석은 생각을 합니다. 그러나 그 미움은 바람이 먼지를 타고 다시 날아오듯이 나에게 돌아옵니다. 화풀이를 하고 나면 당장은 후련할지 모르지만 결국은 더 큰 후회가 되고 해가 되어 나에게 돌아옵니다.

화를 내고 화를 냄으로써 미워하는 마음이 생기고, 그 미움을 행동으로 옮기고, 그것에 영향을 받은 상대가 다시 화를 만들고 미움을 만드는 악순환이 반복됩니다. 결국 내가 받은 것보다 더 큰 미움과 해가 나에게 돌아옵니다. 상대를 향해 던졌다고 생각한 돌팔매가 결국은 자신에게 던진 꼴이 된 것이지요. 상대가 있어야 할 자리에 자신이 서 있었던 것입니다.

이해하고 용서하고 수용하는 것은 상대를 위하는 것이라기보다는 궁극적으로는 내 자신을 위하는 자리(自利)의 행위입니다. 이타(利他)의 의미인 동시에 자리의 뜻도 가지고 있습니다.

그러나 우리는 이러한 우습고 어리석은 일을 되풀이하고 있습니다. 미움을 미움으로 갚는 것이 당연하다고 생각합니다.《잡아함경》에서는 미움을 미움으로 갚는 사람은 그 누구든 재앙에서 벗어나지 못한다고 했습니다.

미움을 미움으로 갚아서 잘 되었다거나, 시간이 지나 생각해봐도 여전히 올바른 결정이었다고 생각하는 사람을 본 적이 있습

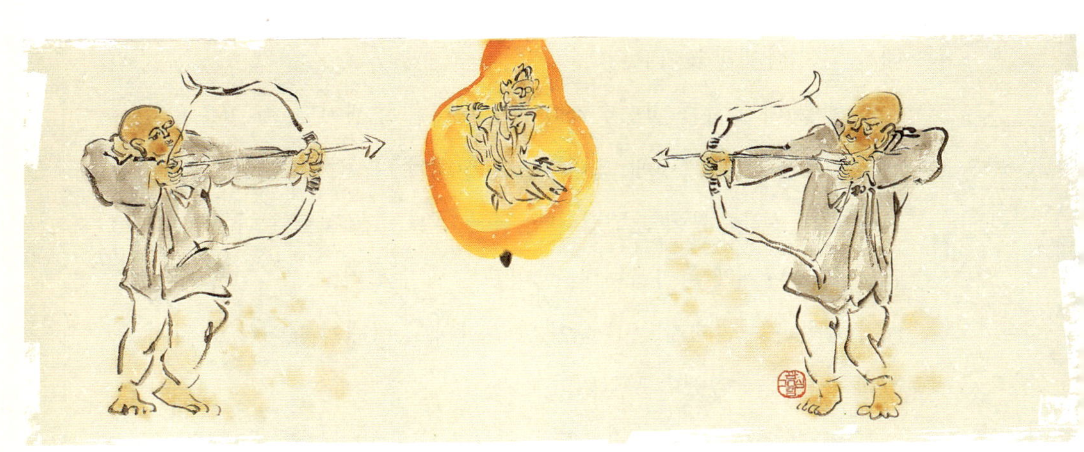

미움을 용서로 갚는 것, 미움을 놓고 받아들이는 것,
그것이 내 삶에서 행복을 찾는 방법입니다.

니까? 시간이 지나면 지날수록 그때 왜 그랬을까 하는 후회와 참회의 마음이 생겨납니다.

미움을 미움으로 갚는 것은 자신을 미워하는 것과 같습니다. 그 미움은 더 강한 여러 갈래의 나쁜 마음을 만들어냅니다. 미움에 둘러싸여 행복할 수 없습니다. 미움을 용서로 갚는 것, 미움을 놓고 빈손으로 받아들이는 것, 그것이 내 삶에서 재앙을 여의고 행복을 찾는 방법입니다.

번뇌를 쌓는
수행을 하고 있습니까?

수행은 우리 삶의 값진 보물입니다. 기도, 염불, 주력, 참선 등 자신의 근기에 맞는 수행법을 찾아 스스로 닦는 것입니다. 어떤 방법을 선택하든 자신을 살피는 귀중한 기회이며 시간입니다. 수행의 실천은 우리 생각과 삶을 바람직한 방향으로 변화시킵니다.

그런데 수행을 오랫동안 열심히 했음에도 그 반대의 결과를 가져오는 경우가 있습니다. 수행을 하고 신행활동을 열심히 하면 할수록 더 많은 번뇌가 일어난다면 여러분은 어떻게 하시겠습니까?

우리의 공부는 쌓는 공부가 아니라 덜어내는 공부입니다.

《불설니구타범지경(佛說尼拘陀梵志經)》은 수행에 대한 바른 자세를 이야기하고 있습니다. 부처님은 니구타라는 외도에게 "수행의 공업을 내세워 자랑하거나 그것으로 다른 사람과 비교하면서 우위에 서려고 하는 마음이 있다면 수행하는 만큼 번뇌가 늘어나

수행은 자신의 번뇌를 끊고, 타인을 이롭게 하는
보살의 길로 나아가고자 하는 마음에서 출발합니다.

게 된다"라고 말씀하셨습니다.

번뇌는 자만심과 교만심을 일으키고 남을 질투하고 헐뜯으며 잘못되기를 바라는 못된 마음이 됩니다. 결국 번뇌의 가장 큰 피해자는 자기 자신입니다.

수행은 현재진행형입니다. 그것은 과정 속에 있다는 것입니다. 그 과정에서 갖는 자세와 마음가짐이 결과에 커다란 영향을 주게 됩니다.

열심히 수행하는 것은 훌륭하고 모범이 될 만한 행동입니다. 그것과 더불어 항상 자신을 낮추는 바른 자세가 필요합니다. 열심히 수행하는 것은 다른 사람과 비교하여 자신을 돋보이게 하기 위한 게 아닙니다. 자신을 둘러싼 번뇌의 사슬을 없애고, 타인을 이롭게 하는 보살의 길로 나아가고자 하는 마음에서 출발하는 것임을 잊어서는 안 됩니다.

스스로를 살펴보세요. 당신이 하는 수행이 오히려 번뇌의 개수를 늘이는 우를 범하고 있지 않은지, 혹여 우쭐대며 자신의 기도 방법이 훌륭하다거나 주력을 더 빨리 한다거나 오래 앉아있다고 자랑하며 함께 가야 할 도반을 우습게 보고 있지 않은지, 하루하루 번뇌를 쌓아가면서 업장이 소멸되고 있다고 착각하고 있지 않은지 살펴봐야 합니다.

열매를 얻으려면

《불설견의경(佛說堅意經)》에 "열매를 얻고자 하면 씨를 뿌려야 한다"라는 말씀이 있습니다. 열매가 필요하면 씨를 뿌리고 밭을 일구는 과정을 거쳐야 합니다. 좋은 결과를 바라기 전에 그것을 얻기 위해 무엇을 했는가를 돌아봐야 합니다. 열매의 풍성함과 넉넉함을 바랄 만큼 충실했는가? 내가 뿌린 씨앗은 맑고 깨끗한가? 살피지 않고 성의 없이 그냥 뿌렸는가? 살핌 없이 넉넉함을 바란다면 잘못된 것입니다.

우리는 복을 구합니다. 누구나 복된 삶을 원합니다. 복을 구하려면 그것의 원인이 되는 씨앗을 심어야 합니다. 복의 씨앗을 심지도 않았는데 복의 열매를 바란다고 열매가 열릴까요? 씨도 뿌리지 않고 수확과 추수를 기다리는 농부는 세상 어디에도 없습니다.

그러나 우리는 씨 뿌린 적도 없으면서 풍년이 들기를 기다립

수확의 기쁨은 씨를 뿌리고 가꾼 사람만이 누리는 행복입니다.

니다. 가을이 왔으니 당연히 추수를 해야 한다고 생각합니다. 시간이 지나면, 가을이 오면 모두 추수할 수 있을까요? 씨를 뿌리고 가꾼 사람만이 거둘 수 있습니다. 수확의 기쁨은 씨를 뿌리고 가꾼 사람만이 누리는 행복입니다.

가을이 왔으니 당연히 들에는 벼가 있을 거라 생각합니다. 볍씨를 뿌리고 모내기를 한 적도, 피를 뽑으며 무더운 여름을 견딘 적도, 물꼬를 보며 밤잠을 설친 적도 없으면서 누렇게 익은 벼를 자기 것인 양 흐뭇해하며 바라봅니다. 자기것도 아닌 황금 이삭을 보고 좋아하는 모습이라니 코미디가 아닐 수 없습니다.

그러다 내 몫이 없다는 것을 알고 나면 엉뚱한 곳을 향해 원망합니다. 복의 이유가 되는 선업의 씨앗을 심지 않았는데 어떻게 복의 열매가 달리기를 바라는지 답답합니다. 씨앗을 심지 않은 사람은 자신인데, 아무 잘못도 없는 사람에게 책임을 전가하려 합니다. 선업의 씨앗을 심지 않았으므로 그것의 열매인 복이 없는 것은 당연합니다.

많은 사람들이 열매를 바랍니다. 열매는 어떤 결과의 상징을 의미합니다. 결과물이란 반드시 원인이 있어야 합니다. 복이라는 열매를 얻기 위해서는 그것을 가능하게 하는 선업의 씨앗을 심고 돌보며 키워야 합니다. 그래야만 비로소 복의 열매를 얻을 수 있습니다. 성불의 길이든, 복을 구하는 기복이든 그 어떤 것도 요술처럼 저절로 생겨나지 않습니다. 반드시 까닭과 이유가 있어야 합니다.

복의 열매를 구하기 전에 먼저 선업의 씨앗을 뿌리고 키우는 삶을 생각합시다. 지금이라도 순간순간 선업의 씨앗을 심는 것을 잊지 마세요. 열매를 얻으려면 씨를 뿌려야 합니다.

복 짓는 일

부처님의 제자 가운데 아나율 존자가 있습니다. 잠을 자지 않고 수행한 끝에 눈은 멀었지만 아라한과를 증득하고 부처님으로부터 천안제일이라는 칭호를 받은 분입니다.

아나율 존자는 바느질을 하는데 눈이 보이지 않자, 자신을 도와주는 사람은 복을 짓는 것이라며 도움을 청했습니다. 그때 손수 바느질을 해준 분이 부처님입니다. 치열한 수행 끝에 눈을 잃고 깨달음을 성취한 아나율 존자와 그런 제자의 가사를 기워주는 부처님. 참으로 아름다운 광경입니다.

아나율 존자는 자신의 옷을 기워준 사람이 부처님이라는 사실을 알고 당황해하며 부처님에게 여쭈었습니다.

"세존이시여, 당신도 복이 필요합니까? 지혜와 복덕을 모두 갖춘 분께서 또 복을 짓기 위해 제 옷을 기우시다니요?"

중생에게 회향하겠다는 마음이 없다면 부처이되 부처라 할 수 없습니다.

"물론이다. 복이 필요하다. 더 많은 중생을 구하기 위해 복이 필요하다."

부처님은 자신을 위해 복을 짓는 것이 아니라 더 많은 중생을 제도하기 위해 복이 필요하셨던 것입니다.

우리는 자기 자신을 위해 복을 짓습니다. 일반적으로 복된 삶이란 재물, 명예, 건강 등을 의미합니다. 여러분은 어디에 쓰려고 복을 짓습니까? 쓰고 싶은 것을 마음대로 쓰고, 하고 싶은 것을 마음대로 하고, 먹고 싶은 것을 마음대로 먹기 위해 복이 필요합니까?

부처님을 깨달은 분, 지혜와 복덕을 구족하신 분이라고 정의합니다. 여기에 더해 부처님은 자신의 복을 중생을 위해 쓰는 분입니다. 고통 받는 이웃과 나누지 않고 지혜와 복덕을 쌓아 부처를 이룬들, 중생에게 회향하겠다는 마음이 없다면 부처이되 부처라 할 수 없습니다.

재물만 보시하는 것이 아니라 복도 보시하는 것입니다. 봉사와 희생으로 내가 지은 복을 중생에게 회향하며 작은 복에 만족하는 원을 세워 보시기 바랍니다. 소박한 삶에 만족하는 가운데 복과 함께 지혜도 자라는 것입니다.

복이 차고 넘쳐야 행복하다는 어리석음에서 벗어나야 합니다. 한량없는 복을 중생에게 회향하시고도 더 많은 중생을 위해 복을 구했던 부처님의 마음이 자비이며 따라야 할 가르침입니다.

곡선을 닮은 직선

한국의 미(美)를 말할 때 빠지지 않는 것이 곡선에 대한 이야기입니다. 곡선에 대한 표현이 미의 완성도에 중요한 기준이 됩니다. 우리의 도자기, 옷, 집 등은 선이 갖는 그것의 느낌을 참으로 자연스럽고 멋스럽게 담아냅니다. 백자와 청자의 선, 우리 옷이 갖고 있는 부드럽고 온화한 흐름, 단조로울 수 있는 지붕에 덧서까래를 올려 마무리한 건축 등 한국의 전통미에서 곡선은 빼놓을 수 없는 중요한 부분입니다.

흔히들 굽고 휘어진 선을 곡선이라 부르고 곧게 뻗은 일자의 선을 직선이라 합니다. 그렇듯 '곡(曲)'과 '직(直)'은 형태가 다르고 그에 따른 '감(感)' 또한 다릅니다. 돌아설 듯한 아쉬움이 곡선이라면 직선은 정면을 향한 역동의 느낌입니다. 도시가 직선에 가깝다면 자연은 곡선과 더 잘 어울립니다. 잠시 멈춤, 여백, 추월을

걱정하지 않는 관조, 이는 하나같이 곡선의 이미지를 보여주는 단어들입니다.

책을 읽다가 눈에 들어오는 시가 있었습니다. 이우걸 선생의 〈아직도 우리 주위엔 직선이 대세다〉라는 시였습니다.

> 건물은 눈치껏 가로 세로 맞추고
> 사람들은 안전선 밖에 일렬로 서야 하고
> 아직도 우리 주위엔 직선이 대세다
>
> 쉽고 편하고 강하다고 생각하지만
> 직선은 굳으면 칼날이 된다는데
> 아직도 우리 주위엔 직선이 대세다

여백을 공간의 낭비라고 생각하는 '직선이 대세'인 세상에서 곡선은 설 자리가 없습니다. 구부러진 곳은 '굳으면 칼날이 되는' 몇 개의 직선만 있으면 간단하게 정리됩니다. '효율적' 공간이 만들어집니다.

경계를 긋는 데 유용한 것이 직선입니다. 이런저런 뒷말 없이 더도 덜도 아닌 양단의 분명한 구획이 선 하나로 나뉘게 됩니다. 가진 것을 덜어내 균형을 맞추는 것이 아니라 서로의 삶에 간섭하지 않는 경계입니다. 그 후 선은 저쪽과 이쪽을 상대적이라는 단어로

만나고 이어져 눈을 맞추면 언제든 덕성스런 곡선으로 새로 날 수 있습니다.

묶어 타자의 영역을 만듭니다. 그리고 이제 그 경계를 인정하고 지켜야 하는 의무가 우리 앞에 놓입니다. 직선이 칼날이 되어도, 점점 더 날카로운 칼날이 되어 서로를 위협해도 우리의 줄긋기는 멈추지 않습니다.

조상들의 마음을 더듬어 봅니다. 그들이 선의 심오한 의미와 철학적 해석을 통해 물레를 돌리고 저고리를 짓지는 않았을 것입니다. 인간과 자연을 대하던 우리 마음씨가 곡선으로 표현되어 생활에 투영된 것이며, 그러기에 그곳에서 생겨난 틈새와 어그러짐을 손대지 않고 조화의 한 부분으로 수용했을 것입니다.

소설가 이윤기 씨는 〈숨은 그림 찾기(직선과 곡선)〉에서 데생의 줄긋기에 대해 언급하면서 선과 선을 연결하고 가로선과 세로선을 잇다 보면 결국 곡선이 만들어진다고 말합니다. 날카로운 선이 교차하며 몇 개의 선을 지나다 보면 둥근 선으로 바뀌어져 있습니다.

만나고 이어져 눈을 맞추면 언제든 달항아리의 덕성스런 곡선으로 새로 날 수 있음을 봅니다. 굽이치는 곡선은 결국 토막 난 직선의 교류와 소통으로 창조되는 것입니다.

날카로운 직선들은 둥근 곡선의 한 부분이었습니다. 깨어져 나누어지기 전 그 모습은 더 없이 아름다운 점들의 모임, 선들의 집합이었습니다.

직선이 대세인 시대에 여전히 굳건한 믿음은, 직선은 곡선의

형태를 지향하며 곡선은 바다와 같은 존재로 곧은 강줄기를 받아
들이는 원융의 전체라는 것입니다.

수행은 제대로 현재를 사는 것입니다.
확실하게 지금을 사는 것입니다. 과거에 했던 사람,
미래에 하려고 하는 사람이 아닌,
지금 현재 실천하는 자를 수행자라 부릅니다.

두 번째 화살

우리는 어느 한 가지 사안이 발생하면 그것에 반응합니다. 그때 표현되는 감정은 상황에 따라서 여러 가지 모습일 것입니다. 희로애락에서부터 무관심까지 본인이 느끼는 감정에 따라 반응하기 때문이지요. 그런데 진정 자신이 무엇 때문에 고통스러워하는지 잘 알고 있을까요? 처음 발생한 일 때문인지, 아니면 그 일에 대한 반응의 결과로 괴롭고 힘든 것인지.

감정은 감정을 낳아서 분노와 불쾌는 다른 일도 영향을 줍니다. 그런데 하나하나 거슬러 올라가 보면 우리네 삶은 의외로 간단합니다. 복잡하다고 생각했던 것들이 하나의 문제에서 파생된 다양한 감정의 표현이라는 것을 알게 되지요.

하나의 문제에 반응하는 태도가 복잡한 감정을 만들고, 그 태도는 다른 것을 만듭니다. 이렇게 층층이 이어져 나중에는 본질이 무엇인지, 왜 이토록 분노하는지 알지 못하게 됩니다.

처음에 일어났던 그 문제로 돌아가 봅시다. 예를 들어 아주 슬픈 일이 생겼을 때 우리는 그것에 반응합니다. 눈물을 흘리기도 하고 소리 높여 울기도 하며, 어떤 경우는 식음을 전폐하기도 합니다.

슬픔의 표현은 어느 정도 필요하지만, 과도한 슬픔은 그것에 의해서 또 다른 슬픔을 만들어냅니다. 우리가 느끼는 감정의 다양함은 그것을 절제하고 통제하지 않으면 또 다른 감정의 원인이 됩니다.

부처님은 《상응부경전(相應部經典)》에서 "두 번째 화살을 맞지 마라"고 말씀하셨습니다. 우리가 살면서 겪는 여러 가지 일 중에는 피할 수 없는 것도 있습니다. 그것을 겪고 싶지 않지만 어쩔 수 없이 겪고 지나야 하는 일이 있지요. 하지만 이것도 인연법에 따른 것입니다.

우선 첫 번째 화살에 대해 살펴보겠습니다.

"비구들이여, 배우지 못한 범부도 즐거운 느낌을 느끼며, 괴로운 느낌을 느끼며, 괴롭지도 즐겁지도 않은 느낌을 느낀다. 마찬가지로 잘 배운 성스러운 제자도 즐거운 느낌, 괴로운 느낌, 괴롭지도 즐겁지도 않은 느낌을 느낀다.

그렇다면 비구들이여, 잘 배운 성스러운 제자와 배우지 못한 범부 사이에는 어떤 구별이 있으며 어떤 다른 점이 있으며 어떤 차이가 있는가?"

배우지 못한 평범한 사람도 위의 부처님 말씀을 느낍니다. 여기에서 배우지 못한 범부란 경력과 학식을 말하는 것이 아닙니다. 부처님의 가르침을 배우지 못했거나 알지 못하는 사람을 말합니다. 반면 잘 배운 성스러운 제자란 부처님의 가르침을 배우고 익히며 실천하는 수행자를 말합니다. 잘 배운 성스러운 제자나 배우지 못한 범부나 느끼는 것이 똑같다면, 괴롭고 즐겁고 괴롭지도 즐겁지도 않은 느낌을 다름없이 느낀다면 우리는 왜 수행해야 할까요?

수행을 해도 여전히 괴롭고 슬프며, 배우지 않은 사람과 배운 사람이 아무런 차이가 없다면 배워야 할 까닭이 없습니다. 힘들게 수행한 사람과 부처님의 가르침을 배우지 않은 사람이 구별되지 않고 다른 점이 없다면 어려운 길을 갈 이유가 없습니다.

우리는 여기서 우리가 느끼는 첫 번째 감정의 화살을 보게 됩니다. 부처님이 말씀하신 '첫 번째 화살'이란, 어떠한 일이 일어났을 때 그것에 반응하는 첫 번째 모습이나 첫 번째 자세를 말합니다. 다시 말해 인간의 기본적인 감정과 그것에 상응하는 일차적인 반응을 뜻합니다.

수행한다는 것은 목석이 되는 것이 아닙니다. 아무런 감정도 없는 사이보그나 로봇이 되는 게 아닙니다. 희로애락에 휩쓸리지 않는다는 것과 그것을 전혀 느끼지 못하는 것은 다릅니다. 그것을 느끼는 것이 일차적인 반응입니다.

우리가 어찌할 수 없는 것이 있습니다. 피할 수도 없앨 수도 없는 인과에 따라 날아오는 화살은 이 땅에 태어난 이상 반드시 겪을 수밖에 없는 과정입니다. 그것은 생로병사입니다. 이 세상에 태어난 이상 누구도 이 화살을 피해갈 수 없습니다. 그리고 그 과정에서 우리는 희로애락의 감정을 경험하게 됩니다.

누구도 피할 수 없는 첫 번째 화살은 잘 배운 제자나 배우지 못한 범부나 모두 겪을 수밖에 없습니다. 여기에서는 어떠한 차이와 차별이 있을 수 없습니다. 모두 평등하게 늙고 병들고 떠나기 때문입니다.

범부와 잘 배운 제자와의 차이는 두 번째 화살이 날아올 때 생깁니다. 어찌할 수 없는 인과의 과정으로 날아오는 첫 번째 화살에 뒤이어 다가오는 고통이 두 번째 화살입니다.

"배우지 못한 범부는 육체적인 괴로움을 겪으면 근심하고 상심하며 슬퍼하고 가슴을 치고 울부짖고 광란한다. 결국 그는 이중으로 느낌을 겪고 있는 것이다. 즉 육체적 느낌과 정신적 느낌을 겪는다. 그것은 마치 어떤 사람이 화살에 찔리고 연이어 두 번째 화살에 또다시 찔리는 것과 같다. 그래서 그 사람은 두 개의 화살 때문에 오는 괴로움을 모두 다 겪을 것이다."

부처님은 육체적 괴로움이 정신까지 이르게 되는 상황을 두 번째 화살에 찔리는 것과 같다고 말씀하셨습니다. 우리가 느끼는 괴로움은 바로 이러한 과정을 거칩니다. 어떤 일로 인해 육체적으로 힘듦을 느끼게 되면 거기에서 멈추지 않고, 그것에 대해 분노하고 집착하며 원망합니다. 스스로 두 번째 화살에 찔리는 것이지요.

첫 번째 화살은 세상 만물이 모두 겪는 원칙이기에 어찌할 수 없지만, 두 번째 화살은 얼마든지 피할 수 있습니다. 그런데도 우리는 두 번째 화살에 더 큰 고통과 상처를 입습니다. 두 번째 화살의 실체를 보면, 그 화살은 만드는 이가 본인임을 알 수 있습니다. 결국 나의 생각과 마음이 그 상황에 따르는 근심과 슬픔을 만든 것입니다. 내게 주어진 것에 스스로 몇 곱절의 고통과 짐을 지우는 것입니다. 그래서 연이어 날아오는 화살에 또 찔리고 맙니다.

이는 배우지 못한 범부가 취하는 행동입니다. 첫 번째 화살이 날아온 후에야 비로소 잘 배운 제자와 배우지 못한 범부의 차이가 나타납니다. 부처님은 그 차이를 "상심하고 슬퍼하고 가슴 치고 울부짖고 광란한다"라고 표현하고 있습니다. 아마 대부분의 사람들이 상심하고 슬퍼하고 가슴 치고 울부짖고 광란할 것입니다. 그러나 잘 배운 제자는 두 번째 화살이 주는 고통의 과정을 겪지 않습니다. 두 번째 화살을 맞지 않았기에 아파할 까닭이 없습니다.

우리가 공부하고 수행하는 이유는 학식과 경력을 쌓기 위해서도 아니고 우쭐대기 위해서도 아닙니다. 생로병사의 과정에서 필연적으로 날아오는 두 번째 화살을 맞지 않기 위해서입니다. 분명 부처님은 잘 배운 제자는 두 번째 화살을 맞지 않고, 배우지 못한 범부는 두 번째 화살 때문에 오는 고통을 모두 겪을 것이라고 말씀하셨습니다. 두 번째 화살뿐이겠습니까. 세 번째, 네 번째, 열 번째, 백 번째 우리는 스스로 많은 화살을 만들어 자신을 향해 쏘아대고 있습니다. 또 남을 향해 쏘아대고 있습니다. 당신은 자신에게서 비롯된 고통을 타인에게 전가하며 원망하고 비난하고 있지 않습니까?

배우지 못한 사람은 괴로운 느낌을 접하면 그것에 저항합니다. 그처럼 괴로운 느낌에 저항하는 사람은 그 느낌에 저항하기 위한 고질적 잠재 성향이 자리잡게 됩니다. 그리고 그 괴로움에 밀려 감각적인 즐거움을 누리려 애쓰게 됩니다. 두 번째 화살에 찔려 고통 받을 때 그것을 잊고자 행동을 취하게 되는 것이지요.

그러나 어리석은 사람은 더 많은 괴로움과 악습을 만들고 맙니다. 부처님은 이를 "괴로운 느낌에 저항한다"라고 말씀하셨습니다. 두 번째 화살에 찔려 허둥대는 모습, 괴로움에 저항하며 도망치려 애쓰는 모습이 우리의 모습입니다.

누구나 고통에서 벗어나고자 합니다. 그리고 그것을 없앨 방법을 찾아내기 위해 골몰합니다. 그러나 어리석은 사람은 고통을 직시하기보다는 미봉책으로 그것을 면하기 위해 게으름을 피웁니다.

사회적 문제가 되고 있는 지나친 음주나 향락, 마약 범죄 등은 어리석은 이들이 고통에서 벗어날 수 있다고 믿는 방법들입니다. 도망치려는 마음이 만들어낸 부정의 그림자들입니다. 그것은 몸과 입과 뜻의 세 가지 것에 물들며 익숙함으로 자리잡습니다. 고통에서 벗어나는 길은 그것밖에 없다고 생각합니다. 누구의 어떤 말도 들으려 하지 않습니다. 이미 '고질적 잠재적 성향'이 깊이 박

우리는 스스로 많은 화살을 만들어 자신을 향해, 남을 향해 쏘아대고 있습니다.

혔기 때문입니다.

그리하여 증폭된 괴로운 느낌은 더욱더 감각적이고 자극적인 즐거움을 찾게 합니다. 점점 더 큰 자극을 원하게 만듭니다. 감각적 쾌락만이 현재의 고통을 잊게 해준다고 믿게 되었기 때문입니다. 즐거움을 느끼는 동안에만 고통을 잊을 수 있기 때문에 몸과 마음이 황폐해질 때까지 파멸의 길을 멈추지 못합니다. 이것이 배우지 못한 범부가 보여주는 모습입니다.

배우지 못한 범부는 고통을 근본적으로 해결할 수 있는 가르침이 있는데도 모두를 망치고 고통의 나락으로 밀어 넣는 어둠을 향해 달려갑니다. 시간이 지날수록 가속도가 붙어 자신도 통제하지 못하는 상황에 빠지고 맙니다. 부처님은 이를 일러 "괴로운 느낌에 밀린다"라고 하셨습니다.

괴로운 느낌에 밀려 우리는 자신도 모르는 사이에 쉬운 방법에 익숙해지며, 그것이 주는 간단함에 자신을 맡겨버립니다. 이는 반성과 참회의 기회를 막아버립니다. 그리하여 바른 길과 지혜의 길에서 점점 멀어집니다.

"비구들이여, 이러한 사람을 일컬어 태어남·늙음·죽음·근심·탄식·괴로움·슬픔·절망에 매인 배우지 못한 범부라 한다. 참으로 그는 괴로움에 매여 있나니, 이를 나는 분명히 천명하노라."

부처님은 배우지 못한 범부에 대한 정의를 내리셨습니다. 두 번째 화살에 맞아 괴로움을 느끼고 그것을 잊으려 감각적 즐거움을 택해 그것에 집착하고 헤어나오지 못하는 자를 배우지 못한 범부라고 말씀하십니다. 이들은 생로병사와 감정의 질곡에 매여 이러지도 저러지도 못하는 진퇴양난의 괴로움에 빠져 있다고 말씀하셨습니다.

이것이 중생의 모습입니다. 더하거나 덜할 것도 없는 우리 그대로의 모습입니다. 그러므로 배우지 못한 범부라 지칭한다 해서 화낼 것도 기분 나빠할 것도 아닙니다.

"비구들이여, 잘 배운 성스러운 제자는 육체적으로 괴로운 느낌을 겪더라도 근심하지 않고 상심하지 않고 슬퍼하지 않고 가슴 치지 않고 울부짖지 않고 광란하지 않는다."

분명 똑같이 첫 번째 화살에 맞았지만 잘 배운 제자는 범부와는 전혀 다른 반응을 보입니다. 그 이유는 첫 번째 화살에 이어 날아온 두 번째 화살을 맞지 않았기 때문입니다. 괴로운 느낌은 느낌에만 머물 뿐, 더는 다른 데로 전이되어 갈등과 고통을 만들지 않습니다.

우리는 늙고 병듦을 두려워합니다. 죽는 것을 두려워합니다. 이는 그 과정에 따르는 극심한 고통 때문입니다. 육체적 고통과 뜻대로 되지 않는 자신의 몸과 마음에 대한 고통 때문에 우리는 그 과정의 자연스러움보다는 두려움과 함께 될 수 있는 한 멀리 벗어나려 애씁니다. 피해가려 합니다. 그러나 누구도 그것을 피할 수 없습니다. 피할 수 없다는 것을 잘 알면서도 여전히 우리는 도망치고 회

피하려 합니다.

진정 우리가 두려워해야 할 것은 첫 번째 화살이 아니라 두 번째 화살입니다. 누구나 맞는 첫 번째 화살이 아니라, 그 화살이 고통과 두려움이 되게 하는 두 번째 화살을 정확하게 봐야 합니다.

그런데 범부들은 아이러니하게도 필연적으로 겪을 수밖에 없는, 세상 누구도 피해갈 수 없는 원칙은 피해가려 하면서 수행과 배움을 통해 피할 수 있는 두 번째 화살은 그냥 맞으려 합니다. 태어난바 때가 되면 죽어야 함을 피하려 하고, 늙으면 병듦을 피하려 하고 항상 젊기를 바라면서 온갖 방법과 수단을 동원합니다. 이 모든 것이 부질없음을 알면서도 시간과 노력을 쏟아 붓습니다.

그 십분의 일만이라도 두 번째 화살에 집중할 것을 권하고 싶습니다. 두 번째 화살을 피하는 수행과 공부에 그 시간과 노력이 쓰인다면 우리의 삶은 훨씬 더 밝고 분명해질 것입니다.

잘 배운 성스러운 제자가 되는 방법은 첫 번째 화살을 피할 궁리를 하는 것이 아니라, 두 번째 화살에 대해 대비하고 준비하여 그것을 맞지 않는 것입니다. 이것이 우리가 그토록 바라고 원하는 고통과 번뇌에서 벗어나는 방법입니다. 고통의 해결 방법은 생로병사를 피하는 것이 아니라 생로병사가 주는 고통과 번뇌에서 자유로워지는 것입니다.

잘 배운 제자는 오직 한 가지 느낌, 즉 육체적 느낌만을 경험합니다. 그는 괴로운 느낌에 맞닥뜨렸다고 해서 저항하거나 분개하지 않습니다. 그러므로 그에겐 그 괴로운 느낌에 저항하려는 고질적 잠재 성향이 자리잡지 않습니다. 육체를 가진 인간이기에 느끼는 근본적인 느낌만을 경험하는 것입니다. 더 정확하게 말해 육체적 느낌을 넘어 그것이 주는 이차적 고통에 빠지지 않는 것입니다.

우리는 느낌을 갖는 순간, 그 경계를 넘어 어슬렁거리며 다가오는 것에 스스로 점령당합니다. 그리고 벗어나려고 피하려고 발버둥칩니다. 자신의 뜻과 어긋나는 현실을 원망하며 나 이외의 어떤 것을 찾아 책임을 전가하고 원망하며 비난합니다.

반면 잘 배운 제자는 저항과 분개로 부질없는 삶을 소비하거나 낭비하지 않습니다. 그러므로 그것은 굴레가 되지 못하며, 바람직하지 못한 부정적 습관에 길들지도 않습니다. 잘못된 습관에 자신의 근본에 자리를 내주지도 않습니다.

잠재 성향이란 내 안에 분명 존재하지만, 미처 알아차리지 못하는 내 안의 성질입니다. 평상시에는 잘 모르다가 상황과 조건이 갖춰지거나 때가 되면 밖으로 드러납니다. 없는 것이 아니라 잠재해 있는 것입니다. 내 안에 잠복해 있는 것입니다.

그런데 우리는 그것이 없어졌다고 생각합니다. 사라졌다고 생각합니다. 심지어 일회성으로 끝나버려서 다시는 자신에게 영향을 주지 않는다고 생각합니다. 그러나 없어진 것이 아닙니다. 잠재해 있는 것입니다. 더구나 쉽게 고치거나 빼어낼 수 없는 고질적인 것입니다. 자신 안에 고질적인 익숙함을 지니고도 전혀 알아차리지 못하며, 자신은 바르게 행동한다고 생각합니다. 자신의 기준으로 사람을 평가하려 합니다. 고질적 잠재 성향을 가지고 바라보는 눈이 지혜의 눈일 수는 없습니다.

"비구들이여, 이러한 사람을 일컬어 태어남·늙음·죽음·근심·탄식·괴로움·슬픔, 절망 등에 매이지 않은 잘 배운 성스러운 제자라고 한다. 그는 결코 괴로움에 매여 있지 않다고 나는 분명히 천명하노라.

비구들이여, 이것이 잘 배운 성스러운 제자와 배우지 못한 범부 간의 구별이요, 다른 점이며, 차이점이다."

부처님이 천명하신 내용은 잘 배운 성스러운 제자는 괴로움에 매여 있지 않다는 것입니다. 매여 있음은 구속을 의미합니다. 자유롭지 못함을 뜻합니다. 부처님은 그 괴로움이 더는 우리를 지배하고 구속하지 못한다고 말씀하셨습니다. 생로병사가 주는 고통과 희로애락이 주는 괴로움이 더는 우리를 옭아맬 수 없으며, 그 괴로움을 겪지 않아도 된다고도 말씀하셨습니다. 괴로움을 겪는 것과 겪지 않는 것을 성스러운 제자와 범부의 차이점이라고 말씀하셨습니다.

똑같이 생로병사와 희로애락을 겪지만 한쪽은 괴로움에 묶여 많은 고통을 겪고 그것이 주는 잘못된 습관과 성향을 간직한 채로 살지만, 한쪽은 그것의 구속으로부터 벗어나 자유로운 삶과 괴로움을 여읜 삶을 삽니다. 이것이 '두 번째 화살'을 맞지 않는 것입니다.

생로병사와 희로애락의 첫 번째 화살이 주는 고통은 생래적으로 겪을 수밖에 없는 필연적 사건이지만, 그것들이 주는 괴로움에서는 얼마든지 벗어날 수 있습니다. 그리고 그것을 해결할 수 있다고 당당히 선언해야 합니다.

부처님의 가르침은 모두 밖이 아니라 안으로 향하는 질문입니다. 어디에서 찾고자 한 것이 아니라 자신에게 문제도 해답도 있음을 말씀하셨습니다. 그러나 우리는 문제도 해답도 밖에 있다고 생각을 합니다. '나'로 말미암아 비롯된 문제에 '너'를 대입시킵니다. 이는 필연적으로 '너'에 대한 원망과 탓으로 귀결될 수밖에 없습니다.

보고 느끼는 내가 없다면 저것이 내게로 와서 문제가 되지 않았을 것이며, 내가 알지 못하는 순간에도 나로 인해 본의 아니게 괴로움을 받는 삶이 있다는 생각을 한다면, 세상에 많은 빚을 지고 산다는 생각을 해야 합니다.

첫 번째 화살이 두려운 것은 뒤이어 날아올 두 번째 화살이 주는 고통 때문입니다. 왜 우리가 생로병사의 과정을 피하고 싶어 할까 살펴보면, 전부를 관통하는 고통이라는 존재와 만나게 됩니다.

부처님이 말씀하신 '두 번째 화살'은 우리의 두려움에 대해 보여주신 자비의 가르침입니다. 우리가 두려워할 것은 그 과정이 아니라 그로부터 비롯되는 잘못된 관점과 습관, 극단적인 관념이 만들어내는 쾌락과 폭력입니다.

부처님의 가르침을 배우고 실천하는 제자는 분명 두 번째 화살을 맞지 않습니다. 그러므로 생로병사 과정의 어떤 것도 두려워할 이유가 없습니다. 매우 자연스러운 순서이기 때문입니다.

잘 배운 성스러운 제자로서 범부의 어리석음을 벗어나 지금 이 순간에도 우리를 향해 날아오는 두 번째 화살을 맞지 않을 방법이 있습니다. 나뿐만 아니라, 우리뿐만이 아니라, 모두 함께 이 세상의 뭇 생명 있는 모든 것과 함께 두 번째 화살이 주는 괴로움과 고통을 벗어나 이곳에서 지금 이 순간 고통을 여의기를 기원해 봅니다.

인연법은 우주의 이치입니다. 좋고 나쁨도, 길하고 흉함도 없습니다.
그것에 대한 분별은 '나'라는 존재를 대입할 때 생겨납니다.

2부 _ 부처님을 닮고자

불국토(佛國土)는 중생과 부처의 경계가 사라진 곳입니다.
제도할 중생도, 의지할 부처도 따로 구별하지 않는 곳입니다.
그래서 불국토에는 중생도 부처도 없습니다.

불국사 복돼지

인간과 가장 친밀한 동물을 꼽으라면 대부분 개를 말합니다. 개가 사람과 인연을 맺은 것이 1만 8천 년 전이라 하니, 그 기간만큼 친숙한 동물이 되었습니다. 특히 서양인들의 개에 대한 애정은 지나치다 싶을 만큼 각별해 문화가 다른 우리로서는 가끔 당황스럽기도 합니다.

한국인이 가장 좋아하는 동물은 무엇일까요? 애완용으로 고른다면 기르기 쉽고 사람을 잘 따라야 한다는 조건이 있겠지만, 서양적 의미가 아닌 한국식 애호를 꼽으라면 단연 돼지가 아닐까 합니다. 그 자체의 상징성으로 한국인에게 많은 사랑을 받는 동물입니다. 간밤에 꾼 돼지꿈은 하루를 기분 좋게 하며, 고사 상에 돼지가 빠지는 일은 없습니다. 복덕과 다산의 의미를 함축하고 있기 때문이지요. 과거 농경사회에서 집단의 생존과 결부되는 다산은 노

복은 절제와 나눔을 통해 오는 것이며, 그것의 실천이 이곳을,
지금을 '지극한 행복이 넘치는 극락'으로 만드는 것입니다.

동력과 영토에 대한 지배력을 뜻했습니다.

이렇듯 각별한 의미를 가진 돼지의 조각상이 경주 불국사 극락전 현판 뒤에 있습니다. 2007년 돼지해에 일간지 기자가 우연히 그것을 발견했는데, 그때까지 그 존재에 관해서 아무도 몰랐습니다. 때마침 돼지해에 발견되었고 색깔 또한 황색이다 보니 '황금돼지의 출현' 이라는 제목으로 9시 뉴스에 소개되기도 했지요. 이 돼지는 여러 이름으로 불리다 지금은 '불국사 복돼지' 로 불리고 있습니다.

불교와 돼지의 연관성을 궁금해하고, 연구를 통해 그 상관관계를 밝히려는 분들도 있습니다. 물론 이러한 노력도 필요하지만, 시각을 넓혀 한국인의 마음에 자리한 정서와 연결 짓는 것은 어떨까 싶습니다. 백성들의 마음과 불교를 함께 보는 것입니다. 고단한 삶을 살았던 그들의 바람, 그 소박한 표현이 극락전 복돼지가 아니었을까요? 드러나지 않게 현판 윗자리에 숨기듯 올려놓은 조심성은 겸양을 닮았습니다. 봉황도 호랑이도 아닌 돼지의 모습은 그래서 더 정겹지요.

그렇다면 여러 전각 중 하필이면 극락전에 조각한 이유는 무엇일까요? 현판 옆 눈에 잘 띄지 않는 곳을 택한 까닭은 무엇일까요?

극락은 말 그대로 '즐거움이 끝없는, 다함이 없는' 상태를 말합니다. 어떤 장소나 특정 지역을 의미하는 것이 아닙니다. 천국이나 유토피아, 샹그릴라 같은 장소의 개념이 아닙니다. 극락은 상황이지, 가야 할 어떠한 장소가 아닙니다. 도달해야 할 어느 지점도 아닙니다. 그래서 '극락' 적 상황은 지금 이 자리에서도 가능하지요. 어느 곳이든 즐거움이 지속된다면 그곳이 바로 극락이 됩니다. 도달과 이동의 개념이 아닌 현실적 상황인 것이지요.

복돼지를 조각한 장인이 바랐던 극락은 어떤 것이었을까요? 돼지로 상징되는 복과 건강과 다산. 옛사람들에게 이보다 더 큰 행복과 즐거움이 있었을까요? 아마도 그것이 극락이 아니었을까요? 그러면서도 넘침을 경계하며 복은 아껴 쓴다는 우리 민족의 지혜와 낮춤으로 극락전 현액의 드러나지 않는 곳에 돼지를 넣은 것이 아닐까 합니다.

우리말에 남다른 애정을 가진 배우리 선생의 연구에 따르면, 우리나라 지명 중 2천여 개 정도가 돼지 이름에서 연유한다고 합니다. 지명은 그곳의 특징이나 사는 사람들의 바람을 토대로 짓게 되는데, 돼지 이름을 지명으로 삼은 사람들은 복과 다산을 얻고 싶었을 겁니다. 자신이 살고 있는 고장이 극락이 되기를 염원했을 겁니다. 굶주림에 시달리지 않고 자식을 돌림병으로 잃지 않는 삶을 그렸을 겁니다.

매년 국내외 많은 손님들이 불국사를 찾습니다. 방문하는 분들에게 기념이 되도록 불국사 복돼지가 새겨진 패와 조각을 선물로 드리고 있습니다. 어느 때인가 신혼부부가 복돼지를 보러 온 적이 있습니다. 신혼여행길에 소문으로 들었던 복돼지를 보고 싶어

왔다고 했습니다. 그래서 좋은 일이 있을 거라고 덕담을 해준 적이 있습니다. 그들과 헤어지기 전에 종교를 물었는데, 의외로 그들의 종교는 불교가 아니었습니다. 이렇듯 종교와 지역에 관계없이 많은 사람들이 복덕과 건강을 바라며 불국사를 찾습니다.

불국사 복돼지에 대한 설명 중 "부와 복의 끝은 만족하는 데 있다"라는 문구가 있습니다. 만족을 아는 지혜의 삶을 말한 것이지요. 세속의 돼지가 오로지 복만을 의미한다면, 불국사의 복돼지는 복과 덕을 구함에 있어 과욕을 경계하는 가르침을 포함하고 있습니다. 《숫타니파타》에 복은 검소함에서 생긴다고 했습니다. 복은 절제와 나눔을 통해 오는 것이며, 그것의 실천이 이곳을, 지금을 '지극한 행복이 넘치는 극락'으로 만드는 것이라 생각합니다. 소유를 통해 행복을 구하는 것이 아니라 나눔으로 행복을 얻는 것, 그것이 불국사 복돼지가 의미하는 참뜻이 아닐까 합니다.

상량의 의미

불국사성보박물관 상량식이 있었습니다. 문화재를 보호하고 소장한 유물을 전시하기 위한 박물관의 필요성이 여러 번 언급되었지만, 제반 인연이 성숙치 않아 번번이 기회를 놓치다가 드디어 상량(上樑)의 결실을 보았습니다.

상량 행사는 조상들이 집을 지을 때 얼마나 정성을 다했는지 살펴볼 수 있는 절차입니다. 상량의 형식을 통해 공정에 대한 평가와 다시 마음을 다잡는 계기가 되기 때문입니다.

각 나라의 전통과 민족성에 따라 주거 형태는 다 다릅니다. 주거의 기본이 되는 주택의 건축에는 한 민족이 살아온 정신과 생각을 찾아볼 수 있는 풍습과 다양한 형식이 녹아들어 있습니다.

우리 조상들은 처음 집을 짓기 전 그 집이 앉을 자리, 즉 '터'에 대해 세심한 주의를 기울였습니다. 그 안에 살게 될 사람과 자연의 조화를 생각했지요. 산세와 지세가 좋아도 터를 잡고 살게 될 대주(大主)의 조건과 맞지 않으면 터만 좋을 뿐, 살 사람과는 관계없는 어울리지 않는 풍경이 되었습니다. 삶은 풍류가 아니기 때문에 자연 풍광의 아름다움이 구체적인 삶과 조화를 이루지 못하면, 한때 즐거움을 누릴 수는 있어도 장기간 생활하기에는 부적합합니다.

터를 잡으면 '개토(開土)'라 해서 터를 닦는 일이 시작됩니다. 그곳에 거주할 사람과 조건이 부합된다고 결정되면 집을 지을 수 있도록 터를 고르는 작업입니다. 이 또한 대주의 조건과 날을 가려 정갈하고 엄숙하게 진행했습니다. 개토는 공사의 시작을 알림과 동시에 이곳에 오래도록 살아온 모든 생명과 자연에게 양해를 구하는 절차입니다. 그리고 지신(地神)에게 허락을 구한 후에 정초(定礎)라고 해서 기둥을 세울 자리에 돌을 놓게 됩니다. 우리가 흔히 말하는 주춧돌은 여기에서 나온 말입니다.

처음 자리를 잡고 고르고 다듬어 집을 지을 수 있는 터로 만들고, 기둥을 세울 돌을 깔고 기둥을 세우는 일련의 작업 끝에 보와 도리를 올려놓음으로써 상량이 마무리됩니다. 그리고 전체적인 집의 틀을 세우는 작업이 마무리되는 정점에서 상량식이라는 행사를 행하게 됩니다.

우리 조상들은 실내 공간뿐 아니라 외부와의 조화까지 염두에 두었습니다. 그 과정에서 자연에 허락을 구하는 자연존중의 사상을 견지했습니다. 인간보다 먼저 있었을 그 무엇에 대해 나중에

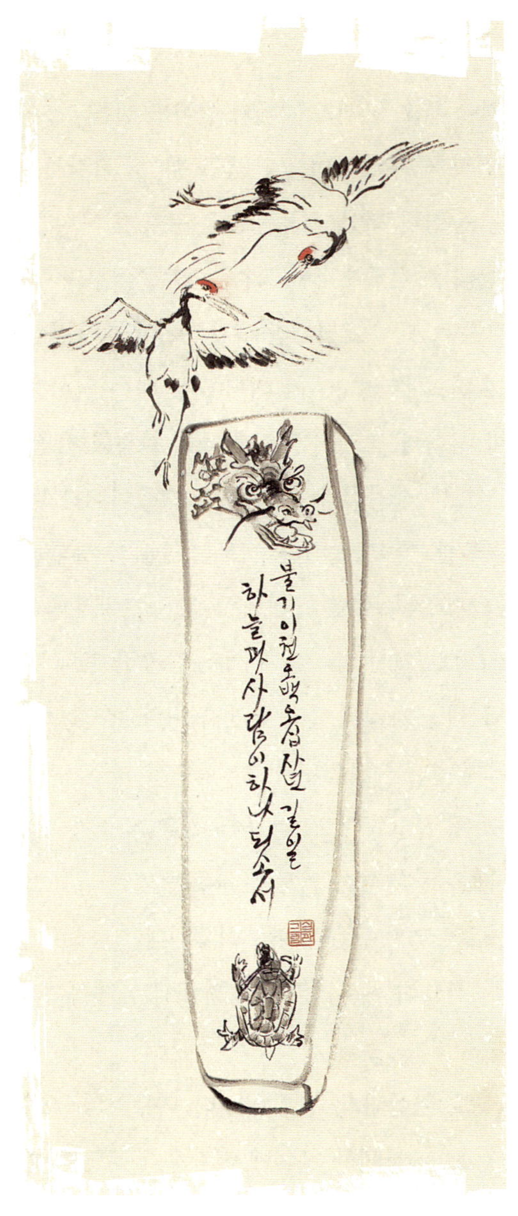

자연과 함께 더불어 살며 다음 세대에 좋은 환경을
남겨주고자 하는 마음과 정신만큼은 버려서는 안 됩니다.

들어오는 사람으로서 마땅히 허락을 받아야 한다는 것이지요.

현대는 자연존중과 생명존중을 고려하여 주거를 정할 상황이 못 됩니다. 주택 가격은 하늘 높은 줄 모르고 치솟는데다 우후죽순처럼 솟아오른 많은 건물들 때문에 땅덩이가 좁아져 주택 문제는 풀기 힘든 모두의 고민이 되었습니다. 그중 하나가 주택이 거주의 의미보다는 재산 증식의 수단이 된 것입니다. 택지가 개발되고 대단위 아파트 단지가 들어서면서 그곳에 사는 주민들은 환경과 조화를 이루고 안팎의 어울림을 만들어간다는 생각보다는 향후 집값이 오를지 떨어질지에 더 많은 관심을 갖게 되었습니다. 그래서 터를 고려하거나 대주의 조건과 집을 살피는 일은 옛 이야기가 되었습니다.

그런데 환경문제가 생존을 위협하고, 삶에 대한 새로운 관점인 웰빙(Well-being) 바람이 불면서 우리의 풍수지리가 매우 과학적이고 인간과 환경을 고려한 주거의 바른 지침이라는 인식이 확산되고 있습니다. 미신이나 전래의 낡은 생각이라는 관점에서 벗어나 우리의 풍수지리가 새롭게 부각되고 있습니다. 실내 인테리어와 밝기를 고려한 가구의 배치, 화분 같은 식물의 이용 등 현실에 맞게 그 법칙이 응용되고 있지요.

옛날 우리 조상들이 터를 잡고 집을 지었던 그 신중함과 자연에 대한 존중까지는 어렵겠지만, 자연과 함께 더불어 살며 다음 세대에 좋은 환경을 남겨주고자 하는 마음과 정신만큼은 버려서는 안 될 것입니다.

　요즘 같은 세상에 상량의 형식이 무슨 의미가 있는지 되묻는 사람도 있겠지요. 하지만 상량식을 통해 인간이 세운 건축물과 자연의 조화를 다시 한번 생각하고 후대를 배려하는 마음은 눈에 보이는 것뿐 아니라 보이지 않는 교훈을 남겨주려 한 조상들의 마음을 헤아리는 계기가 될 것입니다.

　인간이 자연과 불화한다면, 인간 주거의 환경이 자연친화적이지 않다면, 그 안에 사는 사람들의 행복과 건강 또한 위태로울 것입니다.

진정한 보시

불교에서는 '보시(布施)'의 의미를 중요하게 여깁니다. 어느 종교든 베풂의 가치를 소중하게 생각하고 장려하지만 불교의 베풂은 더욱 깊고 중요한 의미를 가지고 있지요.

부처님은 처음 재가자의 귀의를 받고 '보시와 지계'에 관한 말씀을 하셨습니다. 불교를 믿고 따르는 사람의 첫 번째 의무로 보시를 말씀하신 것입니다.

많은 사람들이 대부분 알고 있는 보시의 종류는 법보시, 재시, 무외시가 있습니다. 좀 더 깊이 들어가 보면 '무외칠시(無畏七施)'라는 것도 있지요. 어느 보시가 가장 공덕이 크냐고 했을 때 모두들 '법보시'가 으뜸이라고 합니다. 그래서 법보시의 공덕을 짓기 위해 경(經)을 인쇄하거나 법문 테이프나 책을 널리 보시하기도 하지요.

보시란 베푸는 나보다 받는 상대를 위하는 마음이 있어야 합니다.

과연 법보시란 무엇일까요? 부처님의 가르침을 전하고 널리 알리는 것이 법보시라고 한다면, 책을 인쇄하고 경을 찍어서 알리는 것만 법보시에 해당하는지 생각해 봐야 합니다.

어떤 사람이 불교방송 건립기금에 보시를 했습니다. 그가 한 것은 어느 보시에 속할까요? 돈을 냈으니 당연히 '재시' 라고 할 것입니다. 또한 그 돈이 불교방송 건립에 쓰여 부처님의 가르침을 세상에 알리는 역할을 했으니 '법보시' 입니다. 어려운 공경에 처한 누군가가 불교방송을 듣고 용기를 가졌다면 그것은 '무외시' 입니다. 그 사람에게서 두려움을 없애주고 살아갈 용기를 주었으니까요.

이렇게 본다면 우리가 단순히 보시의 종류와 개념을 구분하는 것은 아무 소용이 없습니다. 법보시가 으뜸이라고 한 상황을 이해해야 합니다. 현대에는 책을 인쇄하고 활자화하는 것이 쉽지만, 옛날에는 참으로 힘든 작업이었습니다. 종이도 귀했고, 목판이나 금속에 활자를 새겨 책을 찍어낸다는 것은 엄청난 자금과 노력이 필요했습니다. 국가나 부유한 세력가가 아니면 엄두도 낼 수 없는 일이었지요. 단순히 돈을 내는 것으로 끝나는 것이 아니라 많은 희생을 요구하는 일이었기 때문입니다.

이렇게 법보시를 한다는 것은 참으로 힘들고 어려운 일이었기에, 부처님의 가르침이 세상에 널리 알려지기를 바라는 간절한 마음으로 법보시가 으뜸이라고 한 것입니다.

그러나 오늘날 '법보시가 으뜸이다' 라고 하면서 무조건 책을 인쇄하고 돌리는 일이 최고의 공덕이라고 한다면 잘못 생각하고 있는 것입니다. 보시라는 것은 베푸는 나보다 받는 상대를 위하는 마음이 있어야 합니다. 법보시의 공덕이 으뜸이니 큰 공덕을 지어야겠다는 생각으로 상대의 상황을 살피지 않고 내 공덕만을 생각하며 보시한다면 그것은 진정한 보시가 아닙니다.

어렵게 사는 소년 가장에게 가장 필요한 것은 무엇일까요? 아마도 먹을 것과 따뜻한 환경일 것입니다. 그런데 법보시의 공덕이 으뜸이라며 책을 한 보따리 보시한다면, 과연 그것이 진정한 보시일까요? 다시 한번 말하지만 보시라는 건 나 중심의 베풂이 아니라, 상대가 중심이 되는 베풂이 되어야 합니다.

그렇다면 부처님은 보시에 차별을 두셨을까요? 이것은 보시의 공덕이 얼마나 되고 저것은 얼마나 된다고 나누어 판단하셨을까요? 부처님은 보시의 중요성을 강조하고 먼저 할 일과 나중 할 일을 말씀하셨지, 차별을 두지 않으셨습니다.

어디서부터 시작되었는지 모르지만 보시를 하면서도 종류를 구별하고 공덕의 경중을 따지는 사람들이 있습니다. 어느 쪽에서는 넘쳐나고, 다른 쪽에서는 진정 필요한 것을 갖지 못하는 불균형이 일어나고 있습니다. 이 또한 내가 더 큰 공덕을 지어야겠다는 욕심에서 비롯된 베풂입니다. 자신을 자랑하고자 하는 베풂, 대가를 바라고 하는 베풂, 자신의 욕심을 채우고자 하는 베풂은 보시가 아닙니다. 진정한 보시라면 공덕의 경중을 언급할 이유가 없습니다.

부처님께서 보시의 중요성을 말씀하신 것은 단순한 베풂이 아니라, 그 베풂을 통해서 탐·진·치의 삼독을 끊고 자신을 절제하며 탐욕을 제어하는 수행을 하라는 의미입니다. 그러나 우리는 보시가 베풂의 의미를 넘어 자신을 닦는 수행의 의미임을 깊이 인식하지 못하고 있습니다. 주는 것을 받는 것이 아니라 보시를 받는 것입니다. 보시는 단순한 행위가 아닙니다. 주고받음을 통해 자신의 교만과 탐욕을 꺾고 상대와 같은 입장이 되고자 하는 낮은 마음입니다. 낮은 마음에서 자비로움과 넉넉함이 생겨나기 때문이지요.

부처님이 처음 법륜을 굴렸을 때 재가자의 귀의를 받으며 하신 말씀이 있습니다.

"보시하겠는가? 지계하겠는가?"

이 말씀의 의미를 깊이 새겨 많은 이들이 보시는 베풂을 넘어서 나와 상대를 동시에 살피고 돌보는 수행의 한 방법임을 깨우치는 계기가 되었으면 합니다.

불교는 어렵지도 쉽지도 않습니다.
믿음을 통하지 않고 보는 신앙은 늘 논쟁일 뿐입니다
쉬움과 어려움은 이해의 기준일 뿐 믿음을 표현하기에 적합한 말은 아닙니다.
믿음으로 다가서지 않으면 평생 부처님을 볼 수 없습니다.
부처님과 보살님이 없는 것이 아니라 믿음이 없는 것입니다.

불교의 믿음

불교인들이 자주 사용하는 어휘 가운데 신심(信心)이라는 단어가 있습니다. 어느 종교나 믿음을 바탕으로 종교생활을 하지만, 특히 불교에서는 종교적 믿음을 신심이라는 단어로 표현합니다. 활동을 성실히 하고 행사에 적극적으로 참여하는 불교신자를 가리켜 신심이 있다거나 신심이 좋다고 합니다. 말 그대로 풀이하면 '믿을' 신(信) '마음' 심(心), 즉 믿는 마음입니다. 세간에서 사용하는 믿음과 다르지 않습니다.

부처님에 대한 믿음을 표현하는 방법은 매우 다양하지만, 법회에 빠짐없이 참석하고 열심히 기도하며 사찰행사에 적극적으로 참여할 때 '신심(信心) 있다' 라고 합니다. 그런데 신심 있는 모습으로 다른 이들의 모범이 되던 사람이 전혀 다른 모습으로 실망을 안겨주는 경우가 종종 있습니다.

자기중심적인 말과 행동으로 모임의 분위기를 깨거나 억지 주장을 내세워 다른 사람을 불쾌하게 합니다. 배려 없는 말투로 여러 사람의 마음을 다치게 합니다. 어떤 때는 법회에서 보여주는 모습과 일상의 모습이 너무나 달라 다른 사람처럼 느껴지기도 합니다.

그러면 그동안 그 사람이 보여줬던 신심을 어떻게 받아들이고 이해해야 할까요? 우리는 그의 어떤 행동을 보고 '신심이 있다'라고 했던 것일까요?

"종교를 열심히 믿는 것과 사람 됨됨이는 다르다"라는 말이 있습니다. 바꿔 말해 부처님을 열심히 믿는 것과 인간성은 비례하지 않는다, 신심은 신심이고 사람은 사람일 뿐 서로 영향을 주지 못한다는 의미입니다. 신앙은 신앙일 뿐 가르침과 실천은 다르다는 말로도 이해될 수 있습니다.

그렇다면 우리가 사찰이나 기도처에서 보게 되는 신심은 무엇일까요? 기도할 때의 신심과 일상생활에서 다른 사람을 대할 때 보여주는 마음이 다르다면, 불교의 신심은 사찰에서 나의 개인적 소원을 구할 때에만 필요한 것일까요? 말 그대로 종교활동에서만 존재하는 별도의 마음일까요? 아니면 허상일까요?

자신의 전체적인 삶을 변화시킬 수 없다면, 바람직하고 긍정적인 방향으로 이끌 수 없다면, 내게 종교는 무엇인가 하는 의문을 가져야 합니다. 신심 있는 사람이 넘쳐나고 법회에 자리가 없을 정도로 성원이 되어도 사찰 밖에서는 관용과 배려 없이 오직 개인의 삶에만 집중하고 있다면, 우리에게 부처님의 가르침은 무엇이며 그 것을 믿고 실천한다는 신행생활의 참뜻이 무엇일까 생각해 보아야 합니다.

나 자신, 내 가족, 내가 아끼는 사람을 위해 기도하고 발원하는 것이 잘못됐다거나 나쁘다는 게 아닙니다. 지극히 당연하고 자연스러운 것이지요. 기복불교(祈福佛敎)를 부정적으로 보는 분도 있지만, 종교의 시작이 복을 얻고 화를 피하고자 하는 마음에서 출발한 이상 그것을 나무랄 수는 없습니다.

그러나 '만' 이라는 단어로 기도의 내용을 한정할 때, 그 이외의 것에 선을 그을 때, 기복은 부정적인 의미가 됩니다. 기복의 내용에 포함되는 나와 내 가족 외에는 아무 관심도 없는 철저한 이기심이 만연하게 됩니다. 나 '만', 내 가족 '만', 내 사람 '만' 의 선긋기는 우리의 신심을 아주 편협한 이기주의로 만들어버립니다. 한 걸음도 더 나아가지 못하고 평생 그 자리에 머물며 나와 내 가족 '만'을 말한다면 기복을 넘어 심각한 문제입니다.

왜 복을 빌고 구하는데 나와 내 가족으로 그 범위를 한정해야 할까요? 나누면 작아지고 주면 없어진다는 이기심이 포함되어 있는 건 아닐까요? 복을 기원하는 행동은 긍정도 부정도 아닙니다. 내용이 중요합니다. 기복이 아니라 기복의 내용에 주목해야 합니다.

종교적 배타성을 가진 이들을 보면 신앙심이 깊고 믿음이 강하다는 사람일수록 독선적이며 이기적인 모습을 보입니다. 내 것,

세상의 모든 것은 연결되어 있으며 나는 그 속에 존재합니다.

내가 믿는 것 외에는 귀를 기울이거나 이해하려 하지 않습니다. 털 끝만큼도 허용하지 않습니다. 그런데 같은 믿음을 갖고 있는 사람들 사이에선 이러한 행동이 신앙이 돈독하다는 칭찬의 말로 표현됩니다.

불교의 신심은 그렇지 않습니다. 불교의 신심은 모든 생명에 관심을 가지며, 모든 생명이 고통에서 벗어나기를 발원합니다. 종교에 관계없이 생명 있는 모든 것에 적용됩니다. 종교가 무엇인가, 어떤 신앙에 의지하는가 하는 것은 아무 문제가 되지 않습니다. 이것이 불교의 신심입니다.

우리는 연기(緣起)로 이어져 있기에, 홀로 존재하는 것이 아니기에, 나만 따로 떼어놓고 생각할 수 없기 때문입니다. 이는 선택의 문제가 아닌 진리이며, 존재의 법칙입니다. 신심은 이렇듯 불교적 존재 양식에 대해 확고한 믿음을 갖는 것이며, 뭇 생명은 나의 생존과 연결되어 있음을 자각하는 것입니다. 이러한 신심을 갖춘 사람은 독선적일 수 없으며, 나 '만' 의 발원에 머무르지 않습니다.

나이가 많은 노인들은 시대적 여건상 체계적인 교리학습을 접할 기회가 적어 신행활동의 폭이 좁을 수밖에 없었습니다. 이들은 참으로 어렵고 곤궁한 시대를 지나왔습니다. 시대적 상황 속에서 그들이 택할 수 있는 여지는 거의 없었지요. 그러나 오늘날은 생활과 기회 여건이 전과는 비교할 수 없을 정도로 편리하고 윤택해졌습니다. 교육 수준도 훨씬 높아져서 지식과 교양을 쌓을 수 있는 기회와 계기는 찾기만 한다면 얼마든지 손에 쥘 수 있습니다.

불교교양대학을 졸업하고 체계적인 교리교육을 이수한 젊은 불자들이 많습니다. 여러 큰스님의 법문을 들으며 나름대로 공부하는 사람들도 많습니다. 그러나 막상 기복의 차원에 들어서면 자신 '만' 의 울타리에 갇혀 한 걸음도 나아가지 못하고 있다면 심각하게 고민해야 합니다. 사찰에 오래 다니고 공부를 많이 한 사람들이 초심자를 대하는 데 자비와 차별 없는 마음에 대한 성찰을 공유하지 못한다면 초심자와 앞선 분들의 신심은 햇수의 차이일 뿐 별반 다르지 않습니다.

불교의 믿음은 배타적이지 않습니다. 깊은 믿음은 모든 생명에 대한 자비를 의미합니다. 상대에게서 나를 보며, 생명의 근원에 내 모습이 자리잡고 있음을 믿기 때문입니다.

불교의 믿음은 독선적이지 않습니다. 세상에 홀로 존재하는 것은 없으며, 내 존재는 누군가의 도움과 배려로 여기에 있음을 믿기 때문입니다.

불교의 믿음은 이기적이지 않습니다. 남을 위하는 것이 결국은 나를 위하는 것이며, 세상 모든 생명을 돌보고 살피는 일이 나와 내 가족을 살피는 일과 다름없음을 알기 때문입니다.

불교의 믿음은 구별하지 않습니다. 궁극은 하나로 귀결되며 그 갈래는 하나의 모습에 다른 이름일 뿐 결국은 하나임을 믿기 때문입니다.

자신을 위한 기도, 가족을 위한 기도 가운데 잠시라도 고통 받는 생명과 이웃에 대해 발원할 것을 권합니다. 세상의 모든 것은 연결되어 있으며 나는 그 속에 존재합니다. 내가 아끼는 사람들 또한 그 속에 더불어 존재합니다.

'만'이라는 한정된 생각은 우리가 독립적으로 존재한다는 어리석음에서 비롯된 것입니다. 부처님의 가르침은 세상 모두는 연결되어 있으며 어느 것 하나도 따로 존재하는 것은 없음을 말씀하고 있습니다.

불교는 믿고 행함에 나누지 않으며 분별하지 않습니다. 그것은 모두 우리의 탐욕과 성냄과 어리석음이 빚어낸 허상임을 알기 때문입니다. 나누려 한들 나누어지지 않고, 분별한다 한들 분별되지 않기 때문입니다. 내 생각 속에서 쪼개고 나누고 부술 뿐, 바뀌는 것은 아무것도 없기 때문입니다.

부처님의 모습

부처님의 모습은 어떤 모습일까요? 불자들에게 물어 보면 대부분 법당에 계신 부처님의 모습을 이야기합니다. 맞습니다. 법당에 계신 부처님은 두말할 것도 없이 부처님입니다.

불상이 탄생한 곳은 인도의 간다라 지방입니다. 알렉산더 왕의 동방 원정에서 그리스의 헬레니즘 문화와 만나면서 점차 불상의 형태가 갖추어졌습니다. 초기의 불상을 보면 그리스의 영향을 받아 서구적인 형태를 띠고 있습니다. 서양인의 눈과 코와 머리 모양을 하고 있지요. 그러다가 차차 인도인의 모습, 즉 우리가 알고 있는 모습을 하게 되었습니다. 이것이 불상의 역사적 배경입니다.

그러나 지금 말하고자 하는 것은 불상의 기원이 아닙니다. 우리가 갖고 있는 고정화된 부처님의 모습, 부처님은 이러이러해야 한다는 고정관념에 대해 생각해 보고자 합니다. 우리는 오래전부터 흔히 보아오던 부처님에 익숙해진 나머지, 법당에 모셔진 부처님만 부처님이라고 생각합니다. 옛 조사 스님들은 "처처에 부처가 넘쳐난다"라고 말씀하셨는데, 아무리 찾아봐도 법당에 계신 부처님의 모습과 같은 분을 만나 보지 못했습니다.

그렇다면 옛 조사 스님들이 말한 '처처에 부처'는 누구를 말하는 것일까요? "모두가 부처이며 부처 아닌 것이 없다"라는 말은 어떻게 받아들여야 할까요?

부처는 본래 모습이 없습니다. 본래 모습이 있다는 것은 고정됨을 의미합니다. 정형화된 것이지요. 고정화되고 정형화되지 않은 것을 본래 모습이 없다고 하는 것입니다. 부처님은 본래의 모습 없이 중생이 원하는, 우리가 원하는 모습 그대로 나타납니다. 어머니의 모습으로, 아버지의 모습으로, 친구의 모습으로, 길을 잃었을 때 길을 찾아주는 친절한 아저씨로, 불길 속에서 소방관의 모습으로 나타납니다. 때로는 나무로, 바람으로, 가뭄 끝에 대지를 적시는 단비로, 타는 목을 적셔주는 맑은 샘으로 나타납니다.

그러므로 처처에 부처 아닌 것이 없고 부처 찾아 멀리 갈 것도 없습니다. 돌아보면, 손만 대면 가까이 있는 것이 부처이기 때문입니다.

불경에서 "천백억화신 석가모니불(千百億化身 釋迦牟尼佛)"이라는 말은 중생의 요구와 바람이 천백억 종류가 될 만큼 많고 그 요구를 화신으로, 다시 말해 우리가 원하는 그 모습으로 바꾸어 들어

부처님은 본래의 모습 없이 우리가 원하는 모습 그대로 나타납니다.

주신다는 뜻입니다. '응신(應身)'도 같은 개념입니다. 중생들의 요구에 응해서 그것에 맞게 화(化)하신다는 것을 의미합니다.

부처님은 본래 모습이 없습니다. 본래 모습이 없기 때문에 어떠한 모습으로도 나타나실 수 있습니다. 부처님을 어떠어떠한 형태라고 규정짓는다면 진실로 내 곁에 온 부처님, 내 앞에 있는 부처님을 보지 못하는 어리석음을 범하게 될 것입니다.

내 마음속에 바라는 것이 있다면, 진실로 원하는 것이 있다면, 부처님은 그 모습으로 우리 앞에 오실 것입니다.

천국과 극락

어느 종교나 이상향을 가지고 있습니다. 이 세상과 저 세상으로 나누어 지금의 삶이 힘들고 괴롭더라도 참고 견디며 옳은 일을 하면 저 세상에서는 복락을 누리며 살 수 있다는 가르침이 있습니다.

우리가 말하는 이상향 가운데 천국과 극락이 있습니다. '천국'이라는 명사는 일반화된 나머지 이제는 종교적 의미보다는 '아주 좋은 곳, 모든 것이 더 없이 만족스러운 곳'을 일컫는 단어가 되었습니다. '극락'이라는 단어는 불교에서 주로 쓰는 말입니다. 천국과 극락 모두 종교에서 말하는 이상향이며 우리가 도달하고자 하는 곳입니다.

그런데 천국과 극락이 행복하고 즐거움이 넘치는 곳이라는 단순한 이해를 넘어 더욱 큰 의미가 있음을 생각해 보아야 합니다.

천국은 '하늘나라'라는 뜻입니다. 하늘에 있는 나라입니다.

땅이 우리가 사는 세상이라면 하늘은 우리가 사는 세상과 다른 그 무엇입니다. 천국이라는 단어 속에는 나라, 즉 장소의 개념이 포함되어 있습니다. 천당도 마찬가지입니다. '당(堂)'도 장소를 뜻하는 말입니다.

반면 극락은 '지극한 즐거움'입니다. '최고의 즐거움'이라는 뜻입니다. 이 말에는 장소의 개념이 없습니다. 최고의 즐거움 그 자체이며, 그것을 누리는 상태를 말합니다. '지극한 즐거움', '최고의 즐거움'이 진행되고 있는 현재의 상황을 말합니다. 불교의 '극락'은 특정한 곳으로 이동하거나 가는 것이 아니라, 현재 상황에서 누리는 최고의 기쁨을 말합니다.

'천국'이 어느 곳에 이르러야 기쁨과 즐거움을 누릴 수 있는 장소적 개념을 뜻한다면, '극락'은 현재 있는 그곳에서 기쁨과 즐거움을 누릴 수 있는 상태적·상황적 개념을 뜻합니다. 한마디로 '최고의 즐거운 상태'입니다.

극락은 장소의 개념이 아니기 때문에 반드시 죽어야만 갈 수 있는 곳이 아닙니다. 그러므로 언제 어디서나 어떤 상황에 처해 있든 극락을 만날 수 있습니다.

《아미타경》에 보면 '서방정토'라는 말이 나옵니다. 서쪽의 깨끗한 땅, 청정한 땅을 말하지요. 그렇다면 청정한 땅이란 어떤 곳일까요? 청정함이란 나의 마음 바탕을 말합니다. 내 마음이 맑고 깨끗하지 않으면 최고의 기쁨을 누릴 수 없습니다. 극락이 세속의

극락은 지금 바로 이 자리에서 누리는 최고의 즐거움입니다.

향락적 즐거움과 다른 이유는 바로 청정의 개념 때문입니다. 청정함에서 나오는 즐거움이 비로소 최고의 즐거움인 것입니다.

한순간의 욕망이나 욕심에서 비롯된 즐거움의 끝을 우리는 잘 알고 있습니다. 그것이 지극한 즐거움으로 지속되지 않는 것은 마음이 청정함을 잃었기 때문입니다.

또한 경에 이르기를 서방정토는 발원으로 세워진 곳이라고 했습니다. 발원을 통해 구현된 서방정토 극락은 내 마음에 원을 갖고 있어야 도달할 수 있는 것으로, 일상생활 속에 항상 부처님의 가르침을 지키고 갖추어 잊지 않고 실천할 때 비로소 가능합니다. '도달'이라는 의미는 최고 즐거움의 상태에 이르는 것을 말합니다. 그것은 우리가 부처님의 가르침을 떠나서는 한순간의 행복과 즐거움은 누릴 수 있어도 '지극한 즐거움'인 극락의 상태에는 결코 다다를 수 없다는 얘기입니다.

극락은 어디서든 도달할 수 있습니다. 어느 곳에 극락이 있는가, 어느 곳에 가야 극락을 볼 수 있는가 하는 물음은 잘못된 것입니다. 내 발원의 힘과 원력이 지금 이 자리에서 극락의 상태를 만들 수 있기 때문입니다. 작게는 나만의 즐거움에서 크게는 많은 사람들과 함께하는 '극락적 상태'를 만들 수 있습니다. 그것은 나중에 오는 것도 아니고, 과거에 있었던 것도 아닙니다. 지금 현재에 도달할 수 있는 상태입니다.

극락은 어느 곳에서나 어느 상황에서나 가능합니다. 지금 이

곳에서 최고의 즐거움을 누리고자 한다면 바로 이 자리에서 그렇게 될 수 있습니다. 원력이 그것을 가능하게 합니다.

자비의 종교

불교는 '자비의 종교' 입니다. 기독교는 사랑, 이슬람교는 우애, 불교는 자비라고 하지요. 과연 자비란 무엇일까요? 자비를 '관심(觀心)' 으로 바꾸어 보면 어떨까요? 즉 마음을 본다는 것이지요. 누구의 마음을 볼까요? 상대의 마음과 나의 마음을 본다는 것입니다. 상대의 마음을 살피는 것입니다. 내가 원해서, 하고 싶어서 하는 것이 아니라 상대의 마음을 먼저 살피는 것입니다.

내 생각에는 분명 좋은 것 같은데 상대에게는 그렇지 않을 때가 있지요. 일방적인 너그러움이나 베풂은 상대에게 부담을 줄 수도 있습니다. 그래서 상대의 마음과 나의 마음을 살펴야 합니다.

불보살들의 자비는 선과 악, 좋고 나쁨의 개념이 아닌, 홀로 있을 때는 자신을 살피고, 상대가 있을 때는 중생의 마음을 살펴 그들과 눈높이를 맞추는 것입니다. 이것이 응신과 화신의 의미입니

자비란 나의 마음과 상대의 마음을 살피고 헤아려 실천하는 것입니다.

다. 응신과 화신은 상대의 상황과 입장을 고려해야 합니다. 자신의 생각만으로 정할 수 없습니다. 그래서 일정한 모습도, 일정한 형태도 없습니다. 불보살들의 모습이 정형화되어 있지 않은 것은 우리 중생들의 부탁과 요구에 맞게 나타나시기 때문입니다.

자비는 상대의 마음을 살피고 헤아려서 내 행동과 입장을 정하는 실천이며, 진지한 사유를 바탕으로 나와 남을 동시에 살피는 것입니다. 부처님이 "자비로워져라, 자비롭게 행하라" 하신 말씀은 단순히 '착하다, 너그럽다'의 의미를 넘어 자신과 중생의 마음을 돌보고 실천하라는 수행적 의미를 갖고 있습니다.

불교의 자비는 선과 악의 개념을 넘어선 곳에서 '본래의 마음을 바로 보는 것'에서 출발합니다.

전법의 길, 포교의 길

세상에는 다양한 종교가 있는데 그 모든 종교가 공통으로 최우선으로 생각하는 것이 있습니다. 자신의 가르침과 이념을 전하는 것, 즉 '전법'입니다.

2500여 년에 걸쳐 부처님의 가르침이 전해져왔습니다. 참으로 길고도 장구한 세월입니다. 이처럼 오랜 세월 부처님의 가르침이 전해질 수 있었던 것은, 그 시대를 살았던 이들이 후대에 그것을 전했기 때문입니다.

"당대에 교세를 떨치더라도 포교하지 않으면, 가르침을 전하는 일을 등한시하며 안일에 빠진다면, 50년 후 그 종교는 흔적만이 남을 것"이라는 경구가 있습니다. 포교와 전법의 중요성을 강조한 말입니다.

불교는 타 종교에 비해 포교의 열정이 부족하다고 합니다. 수

궁이 가는 이야기입니다. "인연이 있으면 찾아오겠지. 굳이 찾아가서 만날 필요가 있나"라든지, "오는 사람 막지 않고 가는 사람 잡지 않는다"라는 말을 자주 하기 때문이지요.

하지만 오는 사람을 막아야 할 때도 있고, 가는 사람을 잡아야 할 때도 있습니다. 그 사람이 무엇 때문에 왔는지, 무엇 때문에 가는지 알아보고 그 문제를 해결할 방법을 찾아야 합니다.

21세기는 앉아서 기다리는 시대가 아닙니다. 먼저 다가가서 앉아 있는 사람을 일으켜 세우는 시대입니다. 타 종교는 자신들의 가르침을 전하고자 모든 역량을 전교에 쏟고 있습니다. 이러한 때에 '오는 사람, 가는 사람' 의 절집 속담은 아무런 도움이 되지 않습니다.

흔히들 포교의 수동성을 지적하면서 불교라는 종교가 본래부터 가지고 있는 태생적 한계라느니 생래적이라느니 하는 시각들이 있습니다. 그러나 이는 크게 잘못된 생각입니다. 어느 누구보다 부처님이 행하신 것을 보면 됩니다. 부처님이 곧 전법의 모델이자 능동적 포교를 몸으로 실천하신 분입니다.

우리가 알고 있는 〈초전법륜〉이 있습니다. 녹야원에서 수행자들에게 처음으로 행하신 설법입니다. 부처님은 그 법을 설하기 위해 베레나스까지 걸어가셨습니다. 베레나스는 부처님께서 깨달음을 이루신 곳에서 300킬로미터 떨어진 곳입니다. 당신의 가르침을 전하기 위해 열흘이 넘는 거리를 가신 것입니다. 부처님이 인연

부처님께서 몸소 법을 모르는 이들을 찾아 나선 것은
무명에 빠진 중생들을 향한 자비였습니다.

법을 몰라 그 먼 곳까지 가셨겠습니까? 기다리지 않고 몸소 법을 모르는 이들을 찾아가신 것입니다.

흔히 포교를 단순히 가르침을 전하는 것이라고 생각합니다. 그러나 부처님이 행하신 포교를 깊이 성찰해 보면 그 속에는 자비심이 있습니다. 진리를 모르고 무명에 빠진 중생들을 향한 연민과 긍휼의 마음이 있습니다.

그러므로 앉아서 기다리기보다는 당신께서 직접 찾아나선 것입니다. 우리가 자비를 실천하고자 한다면 부처님 법을 모르는 이를 위해 마땅히 자비의 마음을 내야 하고, 가르침을 전하기 위해 적극적으로 노력해야 합니다. 포교는 자비의 실천입니다.

부처님은 길에서 나서 길에서 사시다 길에서 열반에 드셨습니다. 그 길은 '전법의 길, 포교의 길'이었습니다. 우기의 안거 기간을 제외한 나머지 시간은 온전히 가르침을 전하는 일에 쓰셨습니다. 부처님의 가르침을 따르고 부처님을 닮고자 하는 불자라면, 부처님이 가신 전법과 포교의 길을 따라야 합니다.

역사상 많은 분들이 법을 구하고 전하기 위해 길을 떠났습니다. 일일이 열거할 수 없는 많은 이들이 전법에 자신의 일생을 바쳤습니다. 그 열매를 지금 우리가 누리고 있는 것입니다. 경전을 지키고 가르침을 전하기 위해, 얼마나 많은 이들이 피와 눈물을 흘렸을지 생각해 봅니다. 때로는 끔찍한 신체적 고통을 감수해야 했으며, 때로는 목숨마저 내놓아야 했습니다. 이국(異國)에서 이름도 전하지 못한 채 쓸쓸히 사라져 갔을 많은 구법과 전법의 스승들을 헤아려 봅니다.

제자들을 찾아 길을 나서는 부처님을 봅니다. 포교의 길, 전법의 길, 그 길은 부처님께서 평생을 걸으신 자비의 길이었습니다.

성 프란체스코의 기도

현대는 다원화된 사회입니다. 상대를 부정하면 다원화는 갈등과 폭력의 시한폭탄이 됩니다. 그러나 그것을 인정하고 수용한다면 보완과 수정을 통해 훨씬 풍요로운 개방적 사회로 나아갈 수 있습니다. 다양함을 인정하는 상대주의적 태도를 통해서 서로 주체가 될 수 있는 기회를 균등하게 갖는 것입니다.

가장 필요한 것은 조화입니다. 각각의 개성을 부정하지 않으면서 공존의 방법을 배워가는 것입니다.

2007년 여름 포항에서는 아름다운 모임이 있었습니다. 포항시 북구 흥해에 자리잡은 유서 깊은 산사(山寺) 천곡사(주지 정오)에서 포항 지역의 천주교 신부님들과 스님들이 함께한 자리였습니다. 서로의 종교에 대한 이해와 지역사회의 문제를 함께 고민하자는 취

종교에 대한 판단은 단지 내 신념의 프리즘을 통해 본 하나의 견해일 뿐입니다.

지로 모이게 된 모임으로, 그동안 종교인들의 개인적 만남은 있었지만 정기적으로 자리를 마련하여 함께하는 것은 처음이라 들었습니다.

종교는 다툼보다 화해와 용서를 추구합니다. 어떤 종교이든 그 추구하는 목적은 다르지 않습니다. 근본적인 부분에서는 뜻을 같이함에도 불구하고 배려와 양보가 부족한 것은 서로에 대해 잘 모르기 때문이 아닐까 생각합니다.

예수님과 부처님이 한자리에 앉아 토론한다면 반드시 한 가지 진리에 도달할 것이라는 우스갯소리를 들은 적이 있습니다. 그분들이 남긴 가르침은 분명 화해임에도 불구하고 믿고 따르는 후세가 신념의 다름을 이유로 배척하거나 거부하는 것은 그분들의 뜻에 어긋난다는 의미입니다.

각자의 생각이 있습니다. 음식을 먹고 잠을 자고 대화를 하는 사소한 것에도 나름의 방법이 있고 원칙이 있습니다. 자신의 그것에 비추어 상대의 행동이 벗어나면 마음에서 어긋남이 일어납니다. 그리고 익숙한 자기의 습관을 강요합니다. 그러나 그것 또한 자신의 환경과 경험이 만들어낸 본인의 습관이고 생각일 뿐입니다. 누구의 기준이든 절대적일 수 없습니다.

아주 사소한 것도 이와 같은데 하물며 장구한 역사를 통해 형성된 교리와 사유체계를 갖고 있는 종교에 대해 자신의 가치체계를 준거 삼아 옳고 그름을 나누는 것은 아주 조심스러운 일입니다.

종교는 비교와 판단보다는 존중과 이해의 대상이어야 합니다.

'본다' 라고 할 때 보는 것은 마음을 통해 보는 것입니다. 즉 신념체계를 통해 보는 것이지요. 단순히 눈으로만 본다면 생각이 모두 같아야 합니다. 그러나 다양한 각각의 관점이 생겨납니다. 종교에 대한 판단은 절대적일 수 없습니다. 단지 내 신념의 프리즘을 통해 본 하나의 견해일 뿐입니다.

천주교에서는 하나님의 자녀로서 사람의 귀함을 말합니다. 불교에서는 불성(佛性), 즉 부처님의 성품을 간직하고 있다는 의미로 인간의 존엄을 말합니다. 이유가 어떻든 귀함과 존중은 하나입니다. 견해가 다른 이들도 이러한 존엄과 귀함에 포함되어야 합니다.

모든 종교는 고유의 진리관을 갖고 있습니다. 그것의 차이가 종교의 구별을 가능케 하는 특성이며, 진리와 그것에 도달하는 방법을 놓고 종파 간 의견이 대립하고 갈등하기도 합니다.

그러나 어떤 것이든 한 공동체 안에서 편을 나누는 이유가 되어서는 안 됩니다. 나눔의 기준이 되어서도 안 됩니다. 상대를 미워하고 거부하는 이유가 종교의 다름이어서는 더욱 안 됩니다.

기원전 3세기에 재위한 인도 마우리야 왕조의 3대 왕 아쇼카는 불교에서 가장 이상적인 왕으로 그려지는 전륜성왕의 칭호를 받는 왕입니다. 그는 수많은 이들을 희생시키며 전쟁을 통해 자신의 왕국를 넓혔습니다. 한 번에 무려 10만 명을 죽인 적도 있었습니다. 지도에서 지명을 없애고 생명 있는 모든 것을 죽이라 명령한 적도 있습니다. 그의 이름만 들어도 모두 공포에 떨었습니다. 그는 후에 불교에 귀의하면서 살생과 정복의 삶을 버립니다. 자신이 저지른 악업을 절절히 참회하며 평화와 겸손으로 나라를 다스렸습니다. 그는 자신의 종교를 내세우지 않았습니다. 타인의 종교를 비방하고 폄하하는 것을 엄격히 금지하였으며, 종교 차별의 폐해를 지적하고 모든 종교인을 존경한다는 칙령을 발표했습니다. 그리고 왕 스스로 이 원칙을 지켰습니다.

그의 위대함은 자신이 믿는 종교의 가르침을 바탕으로 상대를 존중한 자세에 있습니다. 아쇼카 왕의 칙령 중 제12석주에 새겨진 비문은 그의 종교관을 보여줍니다.

"다른 종교를 매도함으로써 자기 종교를 자랑하려는 자는 분명 자기 종교에 대한 뜨거운 신앙심이 있어 그 명성을 넓히려는 것이겠지만, 실은 그렇게 함으로써 자기 종교를 더욱 깎아내리는 짓인 줄은 모르고 있다."

산사에서 신부님들과 함께한 저녁은 참으로 화기애애하고 유쾌했습니다. 서로를 존중하는 아름다운 자리였지요. 종교 지도자들의 이러한 모습은 신도들에게 모범이 될 것입니다.

성 프란체스코의 기도문은 언제 읽어도 영혼을 울립니다.

미움이 있는 곳에 사랑을

다툼이 있는 곳에 용서를

분열이 있는 곳에 일치를

어두움에 빛을

슬픔이 있는 곳에

기쁨을 가져오는 자 되게 하소서

위로받기보다는 위로하고

이해받기보다는 이해하며

사랑받기보다는 사랑하게 하여주소서

발원, 그 위대함

우리는 일반적으로 사는 것에 대해서만 생각합니다. 잘 사는 것, 건강하게 사는 것, 행복하게 사는 것, 모두 삶에 관한 이야기입니다. 삶에 대해 생각한다는 것 자체가 우리가 살아 있다는 것을 뜻하기 때문입니다.

그러나 바꾸어 생각해 보면 살아 있기 때문에 삶과 맞닿아 있는 '죽음'에 관해서도 생각해 볼 수 있습니다. 우리는 '잘 사는 삶'에 대해서만 생각해왔지, '잘 맞이하는 죽음'에 관해 진지하게 생각한 적은 거의 없는 것 같습니다.

여든을 넘긴 한 보살님의 말씀이 생각납니다.

"저는 하루하루 늙고 죽음이 가까워오는 것이 하나도 두렵지 않습니다. 오히려 기쁩니다. 이제 새로운 삶의 기회가 제게 주어질 것이기 때문입니다."

발원의 삶을 살았다면 죽음이 두려울 이유는 없습니다.

죽음을 두려움 없이 맞이한다는 것은 쉬운 일이 아닙니다. 그런데 그 보살님은 밝은 표정으로 아무렇지 않게 죽음에 대해 말했습니다. 무슨 일이 있기에, 어떤 생각으로 살아왔기에 죽음에 대해 저리도 자신 있게 말할 수 있을까 싶어 여쭤 보니 보살님은 웃으며 이렇게 말씀하셨습니다.

"저는 부처님을 믿고 의지하게 된 이후로 오직 한 가지만을 발원하면서 살아왔습니다. 남편과 자식들에게는 미안한 일이지만, 어떻게 보면 저 자신을 위해 기도하면서 평생을 살아왔다고 해도 과언이 아닐 것입니다. 열 개 중에 세 개는 남편과 자식을 위한 기도였다면, 나머지 일곱은 저를 위한 기도였습니다. 훌륭한 아내, 좋은 엄마는 못 되겠지요. 저는 부자가 되게 해달라고 건강하게 해달라고 한 적도 없이, 오직 한 가지만을 기도 발원하면서 살아왔습니다."

그 기도의 내용이 궁금해졌습니다. 보살님이 평생 발원해온 그 기도의 내용이 무엇인지, 어떤 절절한 사연이 있기에 오직 한 가지만을 위해서 발원해왔나 싶어 물었습니다.

"다음 생에는 남자로 태어나 꼭 스님이 되게 해달라고 발원했습니다. 남자와 여자 사이의 차별이 아니라, 여자이기에 포기하고 돌아서야 했고 기회조차 주어지지 않았던 삶에서 이제는 스스로 선택하는 삶을 살고 싶습니다."

지금은 그런 일이 없지만 보살님의 연세에는 여자이기 때문에 불이익을 받을 수밖에 없었던 시대를 살았던 것이지요.

"중생을 제도하고 성불의 큰 서원을 세우는 스님으로 태어나게 해달라고 발원했습니다. 그래서 저는 죽음이 두렵지 않습니다. 새로운 삶이 기다리고 있다고 확신하기 때문입니다."

죽음이 두려운 것은 그 이후에 대한 불확실성 때문입니다. 죽음을 맞이하는 태도에는 각자의 생각과 사고의 차이가 있겠지만, 불자라면 반드시 잊지 말아야 할 가장 중요한 것이 있습니다. 그것이 바로 '발원' 입니다. 발원이야말로 불자를 가장 불자답게 하는 숭고한 다짐입니다.

발원이 없다면 중생의 구제도, 제도도, 성불의 의지도 그냥 생각일 뿐입니다. 발원은 실천력을 제공하고 에너지원이 되어 고난과 어려움을 헤쳐 나갈 수 있는 동력이 됩니다. 발원의 삶을 살았다면 죽음이 두려울 이유는 없습니다.

일반적으로 보살님들의 축원 내용을 보면 자신보다는 남편이나 자식들에 대한 발원이 대부분입니다. 자신을 위해 발원하고 기도하는 것을 미안해하는 사람들도 있습니다. 가족보다 자신을 앞세운다는 생각이 죄스럽게 느껴지나 봅니다.

다음 생에 스님이 되고 싶다던 보살님의 발원이 성취된다면, 스님으로 많은 이들을 제도할 때 전생에 깊은 인연을 맺었던 가족도 반드시 포함될 것입니다.

누구를 위한 발원이든 지극하면 중생을 이롭게 하는 커다란

바다에서 다시 만나게 될 것입니다. 발원은 바로 자신으로부터 발
원(發源)되기 때문입니다.

부처님이 오신 뜻

부처님은 어디에 계실까요? 우리 안에 계십니다. 그러나 보지 못합니다. 바로 곁에 온 부처님을 보지 못하고 먼 곳의 부처님을 찾으며 구합니다. 이미 오신 부처님을 버려두고 언제 오시나 두리번거리며 엉뚱한 곳에서 부처님을 찾습니다. 부처님은 오셨고 우리 곁 가장 가까운 곳에 계십니다.

우리는 부처님에게 최고의 예와 공경을 표시합니다. 무릎을 꿇고 참회하며, 기쁜 일이 있거나 경사스러운 일이 생기면 부처님의 가피에 감사합니다.

이 모든 예경과 공덕을 이웃에게 돌린다면 어떨까요? 지극한 예를 올리는 사람에게 험한 말을 할 수 있을까요? 괴롭힐 수 있을까요? 상대도 그에 상응하는 답을 해올 것입니다. 내가 먼저 이웃을 부처로 대한다면 그들도 같은 예를 표할 것입니다.

내가 먼저 부처로 대하니 상대도 나를 부처님처럼 고귀하게 대합니다. 누가 먼저 할지 나중 할지 정하지 맙시다. 이유를 설명하지도 맙시다. 그저 마음이 필요합니다.

부처님이 이 땅에 오신 가장 큰 이유는 중생의 고통을 해결하기 위함이었습니다. 생로병사에서 비롯되는 헤아릴 수 없이 많은 번뇌, 필연적으로 맞이할 수밖에 없는 이별의 아픔 등 태어났기에 겪을 수밖에 없는 고통을 해결하기 위해서입니다.

우리가 부처님을 고통의 치유자로 생각하며 이웃을 부처로 대하는 순간, 그들은 나의 고통을 멎게 하고 번뇌를 치유하여 행복으로 이끄는 참으로 귀한 존재가 됩니다. 나 또한 이웃을 통해 같은 의미를 부여받습니다.

부처님이 이 땅에 오셨음은 분명 큰 의미입니다. 그러나 이보다 부처의 현대적 해석을 통하여 시대의 아픔과 이웃의 고통에 동참하며 부처님을 닮고자 애쓰는 것이 부처님 탄생의 진정한 시대적 의미입니다.

부처님께서 오셨습니다. 아주 오래전에 오셨지만 미처 알아보지 못하고 소홀히 했던 우리의 부처님을 맞이하며 나의 부처님, 당신의 부처님, 우리의 부처님을 찾는 진정한 석가탄신일이 되었으면 합니다.

이웃을 부처로 대하는 순간,
그들은 나를 행복으로 이끄는 귀한 존재가 됩니다.

부처님을 닮고자 합니다.
부처님을 닮고자 합니다.
나의 진정한 스승이신 부처님을 닮고자 합니다.

당신은 오롯이 현재를 살고 있습니까? 과거의 당신,
미래의 당신으로 나누어 살고 있는 건 아닙니까?
지금을 소중하게 느끼지 못하는 것은 현재의 내가 과거와 미래에서
살고 있기 때문입니다. 그러므로 미래를 생각하면 불안하고, 과거를 생각하면
후회됩니다. 내가 내 삶을 현재에 두지 않는 한 이 번민은 계속될 것입니다.

3부 _ 어깨에 내려앉은 눈을 털어주며

미소는 긍정입니다. 수용입니다. 용서이며 관심입니다.
미소는 부처님을 닮아가는 것입니다. 웃음에 인색하지 마세요.
화해와 용서에 시간을 끌지 마세요. 먼저 내미는 사람이 부처님입니다.
먼저 다가가세요. 그분이 부처님입니다.

Well-being(행복한 삶)과 Well-dying(행복한 죽음)

호스피스(hospice)의 어원은 라틴어의 호스피탈리스(hospitals)와 호스피티움(hospitium)에서 기원했습니다. 호스피탈리스는 '주인'을 뜻하는 호스페스(hospes)와 '치료하는 병원'을 의미하는 호스피탈(hospital)의 복합어입니다. 주인과 손님 사이의 따뜻한 마음과 그러한 마음을 표현하는 '장소'를 뜻하는 '호스피티움'에서 변천되어 왔습니다.

오늘날 널리 사용되는 현대적 의미의 호스피스 개념은 영국의 의사 시실리 손더스(Cicely Saunders)가 처음 사용했습니다. 《웹스터 사전》(1972)에서는 '여행자를 위한 숙소 또는 병자, 가난한 사람들을 위한 집(inn)'으로 설명하고 있습니다. 미국호스피스협회(NHO)에서는 '말기환자와 가족에게 입원간호와 가정간호를 연속적으로 제공하는 프로그램'으로 정의하고 있으며, 이 개념이 일반

행복한 삶만큼이나 삶을 아름답게 마무리하는 행복한 죽음, 웰다잉도 중요합니다.

적입니다.

한때 웰빙(Well-being)이라는 말이 유행처럼 번졌습니다. 육체적·정신적 건강의 조화를 통해 행복하고 아름다운 삶을 추구하는 유형이나 문화를 통틀어 웰빙이라고 합니다. 다양한 삶의 형태 가운데 어느 한쪽에 치우치지 않고 조화와 균형을 통해 삶을 영위하는 것이지요. 웰빙에서 중요한 것은 조화와 균형입니다. 모자람이나 지나침 없이 적절한 균형을 찾아가는 것이 웰빙을 지향하는 삶이라 할 수 있지요.

행복한 삶의 조건 중에서 물질적인 측면만을 지나치게 강조한 나머지 많은 문제가 나타났고, 정신적 만족과 문화적 도움 없이는 행복한 삶에 도달할 수 없다는 깨달음을 얻게 됩니다. 그 후 웰빙의 의미에 정신적 건강이 포함됩니다.

그렇다면 행복한 삶도 필연적으로 도달할 수밖에 없는 죽음이라는 문제에 대해 생각해 봐야 합니다. 행복하게 살아도 언젠가는 죽음이라는 현실에 직면하게 됩니다. 죽음 앞에서 삶을 아름답게 마치는 문제를 진지하게 고민해 봐야 하지요. 이것은 아주 밀접하게 웰빙과 맞닿아 있습니다.

행복한 삶에 대해서는 넘치는 관심을 보이면서 행복한 죽음에 관한 논의는 가급적 피하려는 경향이 있습니다. 아마도 입 밖으로 쉽게 꺼낼 수 없는 주제가 죽음일 것이며, 대부분 죽음의 문제를 피하려고 합니다. 그러나 행복한 삶을 누리기 위해서는 행복한 죽음, 즉 웰다잉(Well-dying)도 반드시 함께 다루어야 합니다.

의학적 치료가 한계에 다다라 삶의 끈을 놓아야 하는 시점에서 환자가 두려움에 떨지 않도록 돕고, 이를 지켜보는 환자 가족의 슬픔과 고통을 최소화하는 일이 호스피스의 역할입니다. 호스피스 하면 단순히 환자에 대한 보살핌만을 생각하는데, 그 속에는 환자를 떠나 보낸 후 상실감으로 힘들어하는 가족에 대한 배려가 포함되어 있습니다. 남은 가족들이 떠난 이를 너무 오랫동안 그리워하지 않도록, 일상생활에 복귀해서 아름답게 추억할 수 있도록 돕는 것이지요. 즉 사랑하는 사람의 죽음에 임하는 이들을 위해 그 모든 과정을 함께 하며 위로와 격려를 나누는 것입니다.

종교기관과 병원에서 다양한 형태의 호스피스 교육이 실시되고 있습니다. 삶의 의미와 소중함, 생명에 대한 존엄성에 대해 다시금 생각해 볼 수 있는 소중한 기회입니다. 이 세상 어느 누구도 죽음의 과정을 거치지 않을 수 없습니다. 행복한 삶을 강조할수록, 생명의 존엄을 강조할수록 죽음에 대한 올바른 가치관을 정립해야 합니다. 죽음을 받아들이는 올바른 태도와 마음가짐이 필요합니다. 웰다잉은 웰빙과 맞닿아 있기 때문입니다.

모래 한 알, 들꽃 한 송이

자연은 서로 경쟁하지만 궁극적으로는 상생을 이루는 화합의 공동체입니다. 어울림의 주제 아래 분모를 찾고 뿌리를 지키며 생명을 이어가는 모습은 그 자체로 경이롭습니다. 그들은 부딪치지만 결코 상생의 가치를 훼손하지 않습니다.

인간은 자연으로부터 도움을 받습니다. 생존에 없어서는 안 될 많은 것을 얻습니다. 그러나 자연에서 연상되는 것은 숲과 냇물, 새소리, 도시를 떠나 가끔 쉴 수 있는 휴식처 등입니다. 또 다른 자연은 나무는 목재이고 물은 생수이며, 그밖의 것은 우리의 의도대로 가공되어야 할 그 무엇인 개발의 대상으로서의 그것입니다.

자연은 나무 몇 그루, 계곡 몇 개로 표현되는 무생물이 아닙니다. 우리 마음대로 바꾸고 고치는 물건도 아닙니다. 그것은 엄숙한 공동체이며 수많은 끈과 고리로 연결된 생명체입니다. 어느 한

자연은 생명의 근원이요, 인간이 돌아갈 궁극의 고향입니다.

쪽이 무너지면 다음 고리로 폐해가 전이되는 살아있는 유기체입니다. 개별 존재가 아닌 서로가 서로를 의지하는 형태로 생명을 지탱하고 있기 때문입니다. 그 연결 고리에 인간이 있습니다. 문제가 생긴다면, 고리와 고리를 거쳐 인간도 그 영향 아래 놓일 수밖에 없습니다.

인간은 순환의 주재자가 아닙니다. 인간은 다른 생명과 같이 자연의 일부일 뿐입니다. 소유권을 주장하지도 자신의 권리를 내세우지도 않는 자연을 대신해 인간이 그 모든것의 주인이라고 생각해왔습니다. 많은 개발이 그러한 관점에서 진행되어왔습니다. 자연의 주인으로 지금 세대가 모든 권리를 부여받은 것처럼 현재의 눈으로만 세상을 보아왔습니다.

미래의 어느 시점에서 지금을 바라볼 때 어떤 결론에 이를 것인가 생각해 봐야 합니다. 그때도 지금의 논리가 여전히 유효할 것인가 고민해야 합니다. 지금을 위해 미래를 무차별적으로 차용한다면, 미래가 현재가 되었을 때 무엇이 남을까 생각해야 합니다.

자연은 스스로 존재합니다. '자연스럽다' 는 순리의 뜻입니다. 자연은 스스로 존재하기에 그 이외의 것은 사족입니다. 다른 무엇도 필요치 않습니다. 아무것도 요구하지 않습니다. 그러므로 '자연 그대로' 의 보존 노력이 자연을 가장 잘 이해하고 존중하는 것입니다.

선진국은 자연과 함께할 수 있는 발전 모델을 고민하고 있습니다. 인간의 편리함과 현대화는 자연과의 상생을 목표로 진행됩니다. 이러한 교훈을 얻기까지 발전의 이익보다 수십 배나 많은 비용을 쓰고 귀한 인명을 잃어야 했습니다. 자연을 훼손한 대가는 엄청나고, 그 피해는 지속적이며, 치유의 과정은 참으로 어렵고 힘듭니다.

자연은 생명의 근원입니다. 인간이 돌아갈 궁극의 고향입니다. 자연을 정복과 자원으로 단순화시켜서는 안 됩니다.

영국의 시인이자 화가인 윌리엄 브레이크(William Blake)는 "한 알의 모래에서 하나의 세계를 보고, 한 송이 들꽃에서 천국을 본다"라고 노래했습니다. 한 알의 모래도, 한 송이의 들꽃도 자연의 거대함에 비교해 결코 작지 않습니다. 존재만으로 가치가 부여되기 때문입니다. 작은 것을 함부로 하지 않으며 거대함에 굴하지 않고 모든 것을 품어 하나의 이름으로 불리는 것, 그것이 자연입니다. 차별도 순차도 없이 존재하는 그대로의 가치가 인정받고 대우받는 것이 '자연스러움의 가치'입니다. 우리가 자연으로부터 진정 얻어야 할 것은 이러한 가르침입니다.

사막화의 재앙

앞으로 지구 인구의 3분의 1에 해당하는 20억 명이 희생되고, 이로 인해 유민이 1억 6000만 명 발생하며, 간접 영향으로 인한 피해액은 우리나라만 해도 3조 8천억에서 7조 원에 이른다고 합니다.

이와 같은 가공할 재앙을 가져오는 것은 무엇일까요? 핵무기의 사용이나 전쟁과 같은 국가 간 충돌 상황을 떠올리겠지요. 그것은 바로 소리 없이 진행되고 있는 사막화가 가져올 재앙입니다. 생명을 품고 키웠던 땅이 더는 생명을 잉태하지 못하는 죽음의 모래가 되어버리는 것이지요. 사막화는 기존의 사막 지역이 확대되는 것만을 의미하는 것이 아니라, 지금은 풍성함으로 가득한 토지가 점차 생산적 기능을 담당하지 못하게 되는 것을 말합니다.

유엔은 앞으로 20년 뒤면 아시아 땅의 33퍼센트가 사라질 것이라고 경고하고 있습니다. 땅이 사라지면 그곳에서 살던 생명도

운명을 함께 할 수밖에 없으며 인간도 마찬가지입니다. 토지가 축소된다는 것은 그곳에서 생산되는 식량이 줄어든다는 것이며, 그 다음 상황은 식량 부족 사태입니다.

이러한 엄청난 재앙을 가져올 사막화가 일어나는 원인은 무엇일까요? 이 지경에 이르도록 우리는 무엇을 하고 있었나요? 땅의 사막화는 여러 가지 환경 문제가 복합적으로 만들어낸 것입니다. 전문가들은 수자원의 남용을 그 주요 원인으로 꼽습니다. 무분별한 지하수 개발과 도로 포장 등이 지하수의 고갈을 가져오고, 지표수의 부족은 땅의 사막화를 진행시켰다는 것이지요. 다음으로 지적하는 것이 지구 온난화입니다. 지구 온난화가 토지에도 영향

을 끼쳐 기온의 상승과 건조함이 대지의 황폐화를 가속시켰다는 것입니다. 그밖에도 인구 증가와 기술의 발달, 화전(火田)의 남발 등도 원인으로 지적되고 있습니다.

유엔은 인류의 생존을 위협하는 사막화 문제에 국가 간 긴밀한 참여를 호소하고 있습니다. 상당수의 나라가 사막화가 진행되는 걸 막고자 노력하고 있으며, 해마다 420억 달러나 되는 천문학적인 돈을 사막화 방지 비용으로 지출하고 있지요.

중국은 1950년대 이후 포르투갈 크기의 지역이 사막화 되었습니다. 수십 년 사이에 토지의 기능을 상실한 것이지요. 심각한 것은 사막화의 진행 속도가 점점 빨라지고 있다는 것입니다.

중국의 사막화는 중국에 국한된 문제가 아닙니다. 우리의 문제이기도 합니다. 우리나라의 지정학적 위치 때문이지요. 중국 사막의 모래는 바람에 실려 우리나라에 황사를 일으킵니다. 1990년 3일에 불과했던 1년 중 황사 발생 일수가 이제는 13일이나 됩니다. 먼지의 농도도 훨씬 짙어져 경제적 피해와 인적 피해가 계속 증가하고 있습니다. 인근 몽골의 경우는 더욱 심각합니다. 전 국토의 대부분이 사막화의 영향 아래 놓여 있습니다.

1994년 파리에서는 사막 방지 협약이 채택되었습니다. 가입국들은 지속적으로 사막화 방지를 위한 전략을 세우고 서로 협조하며 사막화를 인류의 생존을 위협하는 주요한 위험으로 간주하여 공동 대책을 수립하고자 노력하고 있습니다. 우리나라도 1999년에 156번째로 가입했습니다.

우리나라는 다른 나라처럼 직접적인 영향에 놓여 있지는 않지만, 중국과 몽골의 사막화는 우리에게도 피해와 재앙을 가져올 것입니다. 사막 방지 협약에서 밝힌 것처럼 한 나라의 노력이 아닌 인류 공동의 대처와 협력이 필요합니다.

경계를 늦춰서는 안 됩니다. 이미 진행된 상태에서 그것을 멈추기란 어려운 일이며, 원래 상태로 돌려놓기란 불가능에 가깝습니다. 미리 준비해야 합니다. 할 수 있는 한 협력해야 합니다. 우리의 미래를 대비하는 일이기 때문이지요.

전 세계적으로 바다와 하천을 제외한 땅의 0.1퍼센트에서 사막화가 진행되고 있습니다. 무관심이 계속된다면 다시는 그곳에서 생명이 자라는 것을 보지 못할 것입니다. 우리 후손들이 보게 될 산천이 먼지 날리는 모래뿐이라면 상상만으로도 너무 끔찍합니다.

인간에게 땅은 어머니와 같은 존재입니다. 낳고 자라고 돌아가는 모든 순환의 중심에 대지가 있습니다. 땅을 버려두고, 그것을 지켜내지 않고 우리를 지켜낼 수 없습니다.

엘 고어의 '불편한 진실'

2007년 노벨평화상은 엘 고어(Albert Arnold Gore Jr.) 전 미국 부통령과 유엔 산하 정부 간 기후변화위원회(IPCC)에 돌아갔습니다. 지구 온난화에 대한 모든 지구인들의 경각심을 깨우기 위해 상을 수여한다는 노벨상위원회의 수여의 변(辯)은 시사하는 바가 큽니다.

IPCC 보고서에 따르면 지구 온난화의 영향으로 지구의 연평균 기온이 지난 100년 동안 0.74도 높아졌고, 1850년 이래 가장 따뜻했던 열두 번의 겨울 날씨 가운데 열한 번이 최근 12년 동안에 몰려 있다고 합니다. 남극에는 빙하가 녹고 해수면이 상승하고 있다는 보고도 있습니다.

그러나 그것이 당장의 위협이 아니라 먼 훗날 일어날 일이라며 방관적 태도를 취하거나, 경제적인 이유로 온난화의 주범으로 일컬어지는 이산화탄소의 양을 줄이자는 교토의정서의 이행을 미루고 있습니다. 실질적으로 전 세계에서 가장 많은 이산화탄소를 배출하고 있는 미국은 이 교토의정서에 서명을 거부하고 있습니다. 여기에 소요되는 엄청난 비용이 경제를 후퇴시킬 수 있다는 논리 때문이지요.

아이러니하게도 세계에서 가장 많은 이산화탄소를 배출하는 나라에서 태어난 엘 고어가 2007년 지구의 온난화를 막자는 운동으로 노벨평화상을 수상했습니다. 엘 고어는 민주당 후보로서 부시와 대선을 치룬 인물입니다.

만일 우리가 이러한 상황에 부딪친다면 어떤 여론이 조성될까 생각해 봅니다. 환경운동은 경제발전에 장애가 된다고 주장하는 환경운동 반대론자들의 목소리를 들은 적이 있습니다. 경제발전이 최우선이었던 시대에 환경운동은 배부른 소리라고 지탄받았었지요. 그러나 21세기의 환경문제는 생존의 문제입니다. 돈과 생존을 맞바꿀 수는 없습니다. 후에 치러야 할 엄청난 고통과 비교한다면 지금의 비용은 감내할 충분한 가치가 있습니다.

지구 온난화의 가장 큰 책임을 지고 있는 미국을 향해 온난화의 주범이라고 부시 행정부를 비판하는 엘 고어를 인정하고 그를 지지하는 국민들이 있는 한 미국은 건강한 나라라는 생각이 듭니다. 미국 국민들은 자신의 나라를 향해 도덕적이지 못하다고 비판하는 엘 고어를 국익을 저해하는 환경운동가라고 비난하지 않았습

환경운동은 정치적 이해나 경제적 득실로 측정할 수 없는 윤리와 생존의 문제입니다.

니다. 국익에 위반되는 주장을 한다고 매도하거나 여론의 몰매로 주저앉히지 않고, 발언의 기회를 주어 자유롭게 의견을 개진하며 자신의 주장을 펼 수 있는 환경이 부럽습니다.

우리는 지금까지 국익이라는 단어 앞에 한없이 왜소해졌습니다. 그 어떤 것도 국익이라는 팻말을 앞세우면 모두 용서되었습니다. 그러나 시간이 지나면 그것이 과연 국가에 이익이 되는 일이었나 의심이 가는 일이 비일비재합니다. 대부분 정부의 부정이나 권력의 추한 모습을 감추기 위한 포장에 불과했지요.

"지구 온난화는 정치가 아니라 도덕과 정신에 관한 문제"라는 엘 고어의 말처럼, 이는 정치적 이해나 경제적 득실로 측정할 수 없는 윤리와 생존의 문제입니다.

환경운동과 국익은 결코 배치되지 않습니다. 지난 세월 경제 발전에 총력을 기울였다면, 이제는 직접적인 생존의 문제에 정부와 국민 모두가 참여하는 새로운 패러다임의 환경운동을 열어가야 합니다. 반정부적인 환경운동이 아닌 친정부적이고 친국민적으로 공감의 폭을 넓혀가야 합니다.

선비와 지식인

계층의 차별, 성 차별 등이 새로운 시대흐름에 밀려 퇴조하던 19세기 말 드레퓌스 사건이 일어납니다. 프랑스군 참모본부에 근무하던 유대계 드레퓌스 대위가 독일 대사관에 비밀 군사정보를 넘겼다는 간첩사건이었지요. 이는 조작된 것으로 반유대적 사회 결속을 위한 음모였습니다. 하지만 에밀 졸라(Emile Zola)를 비롯한 지식인들의 열렬한 참여로 이 사건은 최고 재판부로부터 무죄 판결을 받게 됩니다.

지식인에 대한 서구의 관점이 시대 양심을 가치로 삼았다면, 동양은 자기 수양과 절제를 우선으로 꼽았습니다. 스스로 몸을 삼가는 수행자적인 노력과 절제가 지성의 중요한 요소가 된 것이지요. 이는 현실정치에 몸담았거나 초야(草野)에서 비판과 견제를 담당했던 이들 모두에게 공통된 것이었습니다. 수신과 자기 절제의 가치는 현실정치의 탁류 속에서 자신을 지키는 중요한 버팀목이 되었으며, 이것이 선비라고 불리는 한국 지식인의 모습입니다.

조선시대의 지식인이자 현재까지 지식인의 전형으로 꼽히는 선비는 한국사회의 지성을 바라보는 중요한 잣대가 되기도 합니다. 하버드 대학의 한 교수가 한국 지식인에 대한 연구의 첫걸음을 묻자, 일본 학자가 조선의 선비정신에 대한 이해 없이 한국사회의 지식인을 보는 것은 어렵다고 했을 정도로 선비정신은 알게 모르게 우리 속에 깊이 스며들어 있습니다.

선비를 묘당유(廟堂儒)와 산림유(山林儒)로 구별한 글을 읽은 적이 있습니다. 묘당유가 현실정치에 참여하여 왕을 도와 백성의 삶을 살피는 적극적인 실천행동을 했던 선비라면, 산림유는 진리에 대한 연구와 후학 양성을 통해 현실정치에 대해 비판하고 권력을 견제했던 선비입니다. 그러나 묘당에 속했던 선비도 낙향하여 산림으로 돌아가면 후학을 양성하며 임금의 잘못을 지적하는 상소를 올리는 비판적 기능을 담당했으며, 산림에 은거하던 선비들도 조정의 부름을 받아 벼슬길에 나아가 적극적인 개혁정치를 펴기도 했습니다.

이렇듯 지배계급이었던 선비들이 수신의 덕목을 갖고 과욕과 사치를 경계하며 살았다는 것은 의미하는 바가 큽니다. 그러나 선비의 긍정적 면과 더불어 어두운 면이 있다는 사실도 부정할 수 없습니다. 전 신문인 고(故) 송건호 씨는 〈선비정신〉이라는 글에서 선비정신이 가지고 있는 부정적 요소에 대해 중세의 지배층으로서

지식인의 참모습은 자신을 탁마하고 바른 삶을 찾고자 고민했던 선비정신입니다.

현실인식이 결여됐으며 반민중적이라고 지적했습니다. 또한 오늘날 선비정신에 대한 많은 논의는 대의와 지조에 대한 현실정치의 목마름이라는 말로 표현하고 있습니다. 일리 있는 지적입니다.

이제는 한국 지식인의 전형과 참모습을 어디서 찾아야 하는가 하는 문제입니다. 이어받고 발전시켜야 하는 것은 조선의 선비가 아니라 새롭게 해석되는 선비정신입니다. 지배계급으로서의 선비가 아니라 자신을 탁마하고 바른 삶을 찾고자 고민했던 지식인의 모습입니다.

유럽에는 기사가, 일본에는 무사라고 하는 지배계급이 있었습니다. 두 계급의 공통점은 무력을 바탕으로 한다는 것입니다. 봉건제 하에서 경제적 이권을 지키기 위해 양성한 군대와 가신 그룹이 그 정신의 모태가 되었습니다. 여기에 어떠한 수사와 의미를 부여한다 해도 칼 위에 세워진 정신의 다름 아닙니다

문(文)에 기초한 한국의 선비정신이 나약하다 할지 모르나, 칼이 아닌 대의와 정의에 대한 확고한 신념이 더욱 강함을 보여준 것이 조선의 선비였습니다. 나라가 위기에 빠졌을 때 백성을 모아 선봉에 섰던 홍의장군 곽재우, 정인홍, 조종도 · 이노 · 하락 · 전치원 · 이대기 · 박성무 같은 쟁쟁한 의병장들 모두 선비였습니다. 평소에 무예를 닦던 이들이 아니라 붓을 들어 자신의 생각과 소신을 밝히던 문인들이었습니다.

서양과 일본이 기사도와 사무라이를 문화로 발전시켰듯 선비

정신을 한국 지식인의 정신적 근간으로, 본보기로 계승 발전시킬 수 있을 것입니다. 조선 선비에 대한 향수는 오늘날 지식인에게 바라는 대중의 요구일 것입니다

현실과 이상 모두를 바라보고자 했던 조선의 선비정신을 생각하면서 정의와 미래를 함께 보는 한국 지식인의 참모습을 기대해 봅니다.

급진과 수구

클라우제비츠(Clausewitz)는 그가 쓴 《전쟁론》에서 전쟁은 "본인의 의지를 관철하기 위해 상대에게 굴복을 강요하는 폭력행위"라고 정의하고 있습니다.

우리는 전쟁이라는 단어에 익숙합니다. 그것이 전달하는 폭력과 살상, 참혹함에 대해 무감각해진 시대를 살고 있습니다. 과정보다 결과를 중시하는 시대입니다. 전쟁이 가장 효과적 방법이라고 결정하는 순간, 그 이외의 방법은 시간 낭비이고 소모적인 공론이라는 생각이 자리잡게 됩니다. 결과를 도출하기 위해 사용하는 시간을 비효율적이라고 생각하는 순간 전쟁은 가장 합리적인 방법이 됩니다. 가장 빠르고 확실한 방법, 여기는 폭력이 개입되지요. 전쟁의 역사는 대부분 이러한 수순을 밟아왔습니다.

민주화의 시대가 시작되고 다양한 의견이 표출되면서 개인의

진보와 보수는 우리의 두 눈과 두 귀와 같이 평행을 잡아주는 중요한 저울입니다.

성향과 가치관에 따라 사회는 진보와 보수라는 두 개의 큰 흐름이 자리잡았습니다. 진보와 보수는 가장 커다란 카테고리를 만들며 정치, 경제, 사회, 문화 등 여러 분야에서 자신의 입장을 열어 보이며 사회여론의 한 틀을 형성하고 있습니다.

진보와 보수의 시각적 차이는 논쟁의 시초가 되고, 힘을 집결시켜, 그 힘은 곧 세력이라는 이름으로 불리면서 집단화합니다. 시작은 진보와 보수라는 관점의 차이에 불과했으나 힘으로, 세력으로, 권력으로, 결정적 시기에는 잠재적 폭력을 내재한 집단으로 성격이 바뀌어 갑니다.

진보와 보수는 우리의 두 눈과 두 귀와 같이 평행을 잡아주는 중요한 저울입니다. 권력의 중심이 어느 쪽에 있든 간에 어느 한 곳은 그것에 무게를 실어주거나 또는 반대편에 자리잡아 상대의 무게를 상쇄하는 역할을 하지요. 이는 진보와 보수라는 건전한 틀의 대립이며 나눔입니다.

그러나 진보가 급진적이라는 수사를 붙이고 보수가 수구라는 피켓을 전면에 세우면, 그 갈등은 발전이 아닌 소모적 싸움이 됩니다. 급진과 수구 모두 극단의 자기주장을 내세우며 타협이 아닌 행동을 통해서 관철하겠다는 이기적 돌출이기 때문입니다.

급진과 수구의 뿌리에는 '더불어' 의 의미가 아닌 '오직 우리만' 이라는 단절되고 한정된 집단이 있습니다. 여기에 포함되지 않은 사람들은 함께 갈 수 없으며 공동체의 일원이기를 거부한다는 뜻으로 받아들입니다. 진보와 보수는 이념적 갈등과 대립을 겪으며 기본적 룰을 지켜가지만, 그것이 급진과 수구라는 흉기를 지니면 그곳은 전쟁터가 됩니다. 이 땅에 함께 뿌리박고 살던 이웃이 하루아침에 적이 되는 상황이 벌어집니다. 클라우제비츠가 내린 전쟁의 정의처럼 "폭력으로 자신의 의지를 관철하기 위해 굴복을 강요"하게 됩니다. 그곳에는 같은 땅에 모여 사는 이들이 나누어야 할 배려와 이해는 없습니다. 나눠지고 갈라진 사회를 이어 받은 세대는 그것의 복구와 통합에 역량을 모으느라 많은 에너지를 소모하게 됩니다. 공동의 의미를 복구하지 않고는 그 어떤 공동체적 합의도 기대할 수 없기 때문입니다.

학문적·정치적 기준으로 진보와 보수를 구별하고 선을 긋지 않더라도, 이 사회에는 하나의 상황을 다르게 보는 시각이 존재한다는 것을 인정해야 합니다. 그리고 진보든 보수든 자신의 뜻을 관철하기 위한 수단으로 폭력을 사용하는 일은 없어야 합니다. 비폭력이 위대한 이유는 인간성을 상실하지 않고 상대의 존엄을 훼손하지 않고 그것을 이루려 하기 때문입니다.

타협과 논의는 낭비가 아닙니다. 논쟁하며 길을 찾아가는 과정을 비효율이라고 말해서는 안 됩니다. 그것이 비생산적이라 주장하는 이면에는 전쟁을 합리화하는 폭력이라는 얼굴이 숨겨져 있다는 것을 잊어서는 안 됩니다.

소송광(訴訟狂)

프랑스 문학에 보면 라신(Racine)의 《소송광(Les Plaideurs)》 (1668)이라는 작품이 있습니다. 이 작품은 3막으로 구성된 희극인데 여기에는 소송광(訴訟狂)인 상인 시카노와 백작부인이 등장합니다. 소송광이라 불릴 정도로 재판과 소송에 지나치게 열중하는 당시의 법관과 귀족들을 풍자한 작품입니다. '소송광' 이라는 조금 우스꽝스러운 제목에서 알 수 있듯 소송 만능의 풍조를 비웃고 있습니다.

전통사회에서는 소송과 재판은 될 수 있으면 피해가고, 가급적 법의 힘을 빌리지 않고 해결하는 것을 현명하다고 생각해왔습니다. 송사(訟事)에 휘말리지 않는 것을 처신의 한 덕목으로 여기기도 했지요.

얼마 전 한 경제신문에 소송에 관한 기사가 실렸습니다. 일본과 한국의 소송건수를 비교하고 세계 각국의 소송건수에 대한 통

정의로운 사회란 법보다 양심을 두려워하는 사회입니다.

계를 다룬 기사였습니다. 신문의 첫머리에는 일본과 비교한 한국의 소송과 고소에 관한 통계가 나와 있었습니다.

"민사소송 일본의 6배, 고소는 155배"

우리나라 민사소송이 일본의 6배나 되고, 고소는 무려 155배나 된다는 것이었습니다. 내용의 경중을 떠나 통계치를 단순 비교한 것만으로도 엄청나게 대비됐습니다. 경제규모도 훨씬 크고 인구도 많은 일본보다 우리나라가 고소건수가 150배가 넘는다는 것은 무엇을 뜻하는 것일까요? 사회의 복잡성이나 팽배해 가는 개인주의, 이기주의 등 우리와 상황과 조건이 크게 다르지 않을 텐데 어째서 우리는 자랑스럽지 못한 수치를 신문지상에 올려야 하는 걸까요?

기사에 따르면 한 해 형사고소에 따른 입건자 수만 60만 명에 이르고, 112만 명이 민사소송을 당한다고 합니다. 말 그대로 소송의 홍수 속에서 살고 있습니다.

형사고소의 경우 80퍼센트는 검찰에서 기소조차 하지 않은 채 끝나버리는 '아무것도 아닌 사건'이 대부분이라고 합니다. 일단 고소했다가 '아니면 말고' 식의 무책임한 행동이 대부분이라는 것이지요. 문제가 생기면 당사자와 직접 해결한다거나 여러 방법을 찾다가 최종적으로 택하게 되는 어쩔 수 없는 선택이 아니라, 일만 생겼다 하면 무조건 '법대로 하자'며 소송과 고소를 선택한다는 것입니다.

법을 통해 정의가 실현되고 잘잘못이 가려짐으로써 약자나 강자 모두 법 앞에 평등하다는 정의를 세울 수 있기 때문에 소송과 재판은 반드시 필요한 제도입니다. 그러나 아이러니하게도 소송과 재판이 정의를 모호하게 만들고 질서를 무너뜨리는 역방향으로 나아가고 있습니다. 최후에 택하는 불가피한 방법이 아니라 쉽게 ‘소송 먼저 하고 보자’는 잘못된 의식이 정의와 질서라는 소중한 가치를 오염시키고 있습니다.

지금 한국사회가 앓고 있는 ‘소송병’은 말 그대로 병입니다. 정상적인 행동에서 일탈한 극단적인 ‘증후군’이지요. 소송의 남발을 막기 위해 여러 가지 방법이 논의되고 있고, 제도의 보완에 대한 의견도 제시되는 모양입니다. 그러나 중요한 것은 제도의 보완과 더불어 재판과 소송을 통해서만 문제를 해결할 수 있다고 생각하는 전도된 가치관의 ‘치료’입니다.

우리 사회를 지탱해 온 중요한 덕목이 병들어 가고 있습니다. 될 수 있으면 다툼을 피하고, 다툰다 해도 제삼자의 강제력에 의지하기보다는 양보와 이해로 문제를 풀어 가려는 노력을 포기하고 있습니다. 소송과 재판이 넘쳐나는 사회는 건강하지 않습니다. 서로 고소하고 상대를 재판장에 세우려는 사회를 어떻게 살기 좋다고 할 수 있겠습니까? 라신의 조롱처럼 소송광, 소송병에 걸린 광인들이 끼리끼리 물고 뜯는 이 사회를 상생의 사회라고 말할 수는 없습니다.

재판과 소송이 본래의 기능을 되찾고 사회의 질서와 정의를
지키는 신성한 제도가 되기 위해서는 그것을 이용하는 우리의 가
치관이 성숙되어야 합니다. 법보다는 양심을 두려워하는 사회, 제
재보다는 도덕으로 지켜지는 사회, 그것이 법이 이룩하고자 하는
정의로운 사회일 것입니다.

끽다거(喫茶去)

웰빙(well-being)의 유행을 타고 몸에 이로운 먹거리를 찾게 되면서 차는 각광받는 음식이 되었습니다. 시중에 판매되는 차 종류도 다양해 선택의 폭도 넓어졌습니다. 무엇보다 손쉽게 마실 수 있는 인스턴트의 발달로 차는 어디서나 간편하게 접할 수 있는 음료가 되었습니다.

차 대중화의 주된 요인은 차의 다양화와 더불어 음용의 용이함입니다. 차는 인류가 물 이외의 것을 마시게 된 이후로 가장 사랑받아온 음료로, 서양과 동양을 막론하고 차의 역사는 인류의 역사만큼이나 오래되었습니다.

불가(佛家)에서도 차는 떼려야 뗄 수 없는 음식으로, 선다일미(禪茶一味)나 다선일체(茶禪一體)같이 차와 선(禪)을 하나로 보는 시각은 불교의 다관(茶觀)을 말해줍니다. 생활을 넘어 정신 일반까지도 차와 연결시킨 다선일체는 마시는 일상에서 자신을 바로 보는 선(禪)을 같은 선(線)에 놓고 있습니다.

단순히 음용하는 단계에서 격식과 다법이 발전하고 계승되면서 의미와 뜻도 갖추어졌습니다. 이는 다례나 다도 등 여러 이름으로 불렸으나, 간직된 뜻은 일체와 일미라는 귀일(歸一)의 정신입니다. 차의 성전(聖典)이라 불리는 〈동다송(東茶頌)〉에서 초의(草衣) 스님은 체신(體神)과 중정(中正)을 말하며, 물과 차는 둘이 아니라는 막분체신(莫分體神)을 강조하고 있습니다.

그 속에 차의 깊고 묘함 말하기 어려우니〔中有玄微妙難顯〕
참된 정수는 수체와 다신이 하나라네〔眞精莫教體神分〕
물과 차가 온전해도 중정 잃을까 두려워
〔體神雖全 猶恐過中正〕
중정은 차의 건과 물의 신령 아우름이다〔中正 不過健靈倂〕

다시 말해 물과 차를 몸과 정신에 비유하여 몸과 정신, 물과 차의 통일을 말하고 있습니다. 차의 의미를 일체와 통일로, 몸과 정신을 일상과 선(禪)의 한 선(線)에 놓은 것이지요.

신분과 계급을 넘어선 각별한 우정으로 인구(人口)에 회자(膾炙)되는 초의 스님과 추사 김정희의 공통점은 차를 좋아하고 아낀다는 것이었습니다. 추사가 초의 스님에게 보낸 편지에는 차에 관

아무 말 없이 차 한잔 따르는 마음은 천 마디 말보다 더 많은 뜻을 담고 있습니다.

한 이야기가 많이 나오는데, 농 섞인 투정으로 차를 부탁하는 내용이 많습니다. 추사는 답장 없는 초의 스님에게 "스님을 보고 싶지도 않고 스님의 편지도 보고 싶지 않으나, 다만 차와의 인연만은 차마 끊어버리지 못하고 쉽사리 부수어버리지도 못하여 또 차를 재촉하는" 편지가 있습니다. 승과 속을 넘어, 신분을 넘어 두 사람이 나눈 우정은 차의 향기처럼 그윽합니다.

다선일체의 연원이 된 조주(趙州) 스님의 '끽다거(喫茶去)'는 선과 차의 가교가 된 중요한 화두입니다. 음다(飮茶)의 과정을 선수행과 동일한 위치에 놓으면서 차는 정신의 음식이자 마음의 음료로 인식되었습니다.

차에 관계된 논문을 열람하다 흥미로운 내용을 찾았는데 '유아 다도교육'의 효과에 관한 것이었습니다. 유아들의 다도교육 실시와 평가, 프로그램의 종류와 방법, 반응 등에 관한 내용이었는데, 다도교육을 실시한 후 유아들의 집중력과 정서적 안정에 긍정적인 효과가 나타났다는 연구 결과를 담고 있었습니다.

이어령 교수는 "술은 신화의 양식이며 밥은 역사의 양식"이라고 했습니다. 이 글에 이은 다른 양식 하나를 추천하라면 망설임 없이 차를 들고 싶습니다. 술과 밥이 신화와 역사의 에너지라면, 차는 그 힘을 현명하게 다룰 지혜를 주는 맑은 힘이라 할 것입니다.

경제가 어려워지고 생활이 힘들어지는 것과 비례해 알코올 소비량이 증가한다고 합니다. 삶의 고달픔과 피곤을 술로 달래려는 마음은 이해할 수 있으나, 알콜은 건강을 상하게 하고 현실에 대한 적응력을 떨어뜨릴 뿐 아무런 도움도 되지 않습니다. 하소연과 한숨으로 낙담하는 분들에게 차를 권해주고 싶습니다.

차는 마음과 몸을 이어주는 매개체입니다. 육체적인 건강뿐 아니라 정신적 건강도 함께 살피는 것입니다. 그동안 차에 대한 관심이 주로 효능에 치중되었다면, 다선일체와 다선일미 같이 마음에 의미를 두는 차의 나눔은 어떨까 합니다.

차에 관련된 화두 중에 조주 스님의 '끽다거'는 '차를 들고 가시게'라는 뜻입니다. 이런저런 시비가 오가는 중에 아무 말 없이 차 한잔 따르는 마음은 천 마디의 말보다 더 많은 뜻을 담고 있습니다.

진정으로 차 한잔 들고 가시는 것이 어떻겠습니까?

> 겨울이다
> 눈 덮인 산길에 인적이 끊기니 분주함 또한 여의었다
> 물을 끓인다. 소나무 가지 위 흰 눈이 두텁다
> 세상을 향해 차를 권하며 한마디 건넨다
> 끽다거(喫茶去)
> 끽다거(喫茶去)

구양수와 나폴레옹

중국의 작가 임어당(林語堂)은 계절에 따른 독서법을 주장했습니다. 집중이 요구되는 경전은 겨울, 여유를 필요로 하는 역사책은 여름, 철학서적은 사색의 계절 가을, 인간사를 다룬 소설이나 시 같은 문학작품은 봄에 읽을 것을 권했습니다.

송나라 때의 정치가이자 문인인 구양수(歐陽脩)는 책읽기 좋은 장소 세 곳을 말하면서 침상을 첫 번째로 꼽습니다. 최상의 독서는 '잠자리에서 책읽기' 라는 말이 있는데, 비교적 느긋한 마음으로 책을 펼 수 있기 때문입니다.

두 번째는 말 안장입니다. 지금으로 보면 버스나 지하철 등 교통수단으로, 먼 거리를 여행할 때 우두커니 앉아있거나 잠을 청하기보다 책을 읽는다면 덜 무료하고 시간 보내기도 훨씬 수월하기 때문일 것입니다.

가장 훌륭한 독서법은 책 읽기를 생활의 일부분으로 습관화하는 것입니다.

그러나 그곳이 전쟁터라면 어떨까요? 포탄과 총알이 날아오는 전쟁터에서 책을 읽는 모습은 상상이 안 됩니다. 그런 곳에서 책을 읽었던 사람이 나폴레옹입니다. 그는 말 위에서 독서를 했다고 합니다. 장병의 마음을 움직이고 사기를 고양시킨 명연설은 말 안장에서조차 책을 놓지 않으며 준비한 결과라 합니다.

구양수가 추천한 독서하기 좋은 곳 세 번째는 화장실입니다. 누구나 한번쯤은 경험해 봤을 법한 장소입니다. 당송팔대가(唐宋八大家)의 한 사람으로 남다른 안목을 가졌던 구양수가 화장실을 독서 장소로 꼽은 것이 흥미롭습니다. 어찌 보면 누구의 방해도 받지 않고 책을 볼 수 있는 몇 안 되는 장소임이 분명합니다. 왜 화장실을 선택했는지 정확히 알 수 없지만, 타인의 시선이나 참견으로부터 자유로운 곳으로 꼽았다면 수긍이 갑니다.

임어당의 계절에 따른 책읽기나 구양수의 책읽기 좋은 곳에 관한 이야기는 모두 충분한 독서의 경험 끝에 얻은 방법입니다. 하지만 가장 훌륭한 독서법은 때와 장소를 가리지 않는 것입니다. 가장 중요한 것은 책읽기를 생활의 일부분으로 습관화하는 것입니다. 이것이 동서고금의 가장 훌륭한 독서법이 아닐까 생각합니다.

모국어, 그 가슴 시린 말

사람들은 어떤 목적으로 언어를 사용할까요? 아마도 정보의 교류와 전달, 지식의 이전 등을 떠올릴 겁니다. 그러나 의외로 언어사용의 내용은 감정을 나누거나 농담을 하거나 잡기적인 부분이 3분 2를 차지한다고 합니다. 이성적이고 체계적인 의사전달 목적이 아니라 자기 호소의 표현방식으로 언어를 이용하며, 기분과 감정 상태를 상대에게 전달하고 고민과 즐거움에 대해 설명하는 데 어휘의 대부분을 사용한다는 것이지요.

언어를 통해 사회와 시대를 읽을 수 있는데, 그들이 사용하는 억양과 발음, 어휘를 통해 그 시대의 관심과 생각을 엿볼 수 있지요. 격한 음과 파열음을 많이 사용하는 집단이나 계층을 보면 행동을 통해 표출되는 모습도 비슷합니다. 대립의 현장이 그렇습니다. 붉은 글씨로 쓰인 구호들은 긴장을 요구하는 섬뜩한 낱말들로 이루어져 있지요.

지구상에는 다양한 언어가 있습니다. 국가마다, 민족마다 다른 언어를 쓰고 있습니다. 그리고 그 언어만이 그려낼 수 있는 고유한 문화가 있습니다. 언어는 문화와 함께하며 개성을 창조합니다. 다른 언어로는 도저히 소화할 수 없는 고유의 정서를 훌륭하게 표현하지요. 그것이 가능한 것은 그 언어를 그들이 사용하며 살아왔기 때문입니다. 고유어는 다양한 문화의 교류에 중요한 역할을 합니다. 그 과정에서 자신의 문화와 타인의 문화 모두 소중하다는 교훈을 배우며 수용의 폭을 넓혀갑니다.

1990년 출범한 링구아 팍스(언어를 통한 평화) 프로그램은 소수 언어를 보호하자는 운동입니다. 우리는 아직 언어 사멸의 심각성을 체감하지 못하고 있지만, 세계적으로 6천 개의 언어가 사라질 위험에 처해 있다고 합니다. 이들 언어가 사라지면 인류사 속에서 이들 언어와 함께 발전되고 이어져온 문화 또한 사라지는 것입니다.

만약 우리의 언어가 사라진다면 5천 년에 걸쳐 축적된 우리의 숭고한 문화 또한 새로운 언어가 표현할 수 있는 부분, 새로운 언어로 이해 가능한 부분만 남기고 나머지는 모두 역사의 뒤편으로 사라질 것입니다. 다시 말해 우리 민족이 오랜 세월 지켜온 가치와 이상, 정신 등이 모두 사라진다는 것을 뜻합니다.

세계보편어로서의 영어의 위치를 부정하는 것은 아닙니다. 현실적으로 영어의 필요성에 이의를 제기할 사람은 없습니다. 그

우리의 언어를 '모국어'라고 합니다. 바로 '어머니의 언어'이기 때문입니다.

러나 보편어가 확장된다는 것이 다른 민족이나 국가의 고유어를 점령한다는 의미가 되어서는 안 됩니다.

미우라 노부다카와 가스야 게이스케가 엮은 《언어제국주의란 무엇인가》에서는 강대국의 언어에 의해 사라져 가는 소수민족의 언어와 약소국가의 언어에 대해 심도 있게 논의하고 있습니다. 이 책에서는 지식과 정보의 효율적 전달체로서의 보편어와 민족문화의 전승이라는 관점에서 고유어라는 두 가지 얼굴을 모두 바라보지 않는다면 100년 안에 구술언어의 반 이상이 사라질 것이라고 경고하고 있습니다.

우리의 언어를 보세요. 우리의 언어에는 장구하게 이어져온 우리만의 가치와 정서가 숨쉬고 있습니다. 우리의 웃음과 눈물이 담긴 우리만의 표현방식이 담겨 있습니다. 우리 민족의 삶이 우리 언어 속에 모두 녹아 있습니다.

보편어의 사용이 우리말의 위축으로 이어져서는 안 됩니다. 우리의 언어를 '모국어'라고 합니다. 가슴 벅찬 표현이지요. 우리의 삶이 보편어로 표현될 수 없는 것은 너무나 당연합니다. 바로 '어머니의 언어'이기 때문입니다. 전혀 다른 생활 관습으로 몇 천 년을 살아온 민족이 어떻게 한 나라의 문화를 다른 나라의 언어로 온전히 표현할 수 있단 말입니까? 그렇다고 해서 그들의 언어가 우월한가요? 아닙니다. 문화의 조건과 상황에 맞게 발전해온 차이가 있을 뿐입니다.

　모국어와 보편어의 공존을 진지하게 고민하지 않는다면, 100년을 내다보는 언어 사용의 정책적 혜안이 없다면 모국어의 미래는 어두울 것입니다.

죽란시사

다산(茶山) 정약용은 '죽란시사(竹欄詩社)'라는 문학모임을 만들어 벗들과 어울렸는데, 회원들이 지켜야 할 절목(節目)의 내용이 흥미롭습니다. 절목은 요샛말로 규칙이나 약속을 뜻합니다.

모임의 횟수와 시기에 관한 규칙을 보면 '살구꽃 피면 모이고, 참외 익으면 모이고, 초가을 연꽃을 보러 모이고, 국화가 피면 모이고, 큰 눈이 내리면 모이고, 화분의 매화가 꽃망울을 터뜨리면 모인다'고 했습니다. 계절의 변화에 모임 시기를 맞춘 그들의 운치가 참 멋스럽습니다.

참가하는 사람들의 나이는 아래위 4년으로 정했습니다. 아래위 4년은 세상을 보는 시각에 큰 차이가 없어 크게 어그러져 다툴 일이 없을 것 같고, 차이가 많으면 예를 갖추다가 자리가 어지러워진다는 이유에서였습니다. 또한 술과 함께 빠져서는 안 되는 것이

서로의 다양성을 인정하고 인연의 소중함을 간직하려는
사람들의 만남에는 사람 냄새가 납니다.

붓과 벼루였는데, 가무와 홍청에서 끝나지 않는 조선 선비의 풍류를 보여줍니다.

사람이 사는 곳에는 인연이 닿게 마련이고, 그것에 기대어 모임이 만들어집니다. 모임은 말 그대로 모이는 것이며, 목적이 있기 마련입니다.

그런데 모임이 애초의 취지와 다른 방향으로 흘러갈 때가 있습니다. 여러 생각이 있으면 절충하고 타협하면서 합일점을 찾아가는 것은 자연스러운 일입니다. 사소한 것은 대화를 통해서 또는 그냥 묵묵히 지켜보는 것으로 해결되기도 합니다.

모임에 참여하는 사람들의 생각이 모두 같을 수 없고, 같은 것이 꼭 바람직한 것만은 아닙니다. 조금 다른 생각들이 모임에 활력을 불어넣고, 배려를 통해 이해를 넓히는 계기가 되기도 합니다.

그러나 부딪칠 수밖에 없는, 피할 수 없는 대립이 생기기 마련인데, 대체로 정치적 모임이 그렇습니다. 이러한 갈등은 쉽사리 풀리지 않고, 갈라진 마음의 봉합은 더디고 어렵습니다. 시간이 지날수록 편 나누기의 대립은 점점 골이 깊어집니다.

오늘날 민주적 정당정치에서 대립과 갈등은 당연하고, 그 가운데에서 길을 찾는 노력이 민주주의의 실천 과정이라는 주장에 이견은 없습니다. 그러나 정치권 밖의 사소하고 소소한 일상까지 하나의 색깔로 모두 도배되는 느낌입니다.

우리 삶 자체가 정치적이고 인간은 기본적으로 정치적 동물이라는 의견에 공감하지만, 그렇다고 모든 모임이 정치의 편 가르기에 동원되는 것은 바람직하지 않습니다. 모임은 사람끼리의 만남이어야 합니다. 애초부터 정치적 목적으로 모임이 시작되었다면 모를까, 그렇지 않다면 모임의 취지와 원칙을 지키려는 노력이 필요합니다.

죽란시사는 다산이 중앙관직에 종사하던 젊은 시절에 만든 모임입니다. 회원이 모두 열다섯 명이었다고 하는데, 사대부인 그들의 정치 성향이 모두 일치했다고 볼 수는 없습니다. 그들은 시를 좋아하고 풍류를 즐기는 벗으로 만났습니다. 그 모임의 향기는 처음을 지키고자 한 그들의 마음에서 비롯되지 않았을까 합니다. 모임을 주도한 다산만 해도 천주교에 심취하면서 조정과 등을 지는 형극의 길을 택했습니다. 그러나 회원들이 다산과 종교적 신념을 같이 한 것은 아니었습니다.

정치적 성향의 다양함을 인정하고 인연의 소중함을 오래도록 간직하려는 사람과 사람의 만남에 더 큰 의미를 두는 모임이어야 합니다. 사람 냄새가 나야 합니다.

한 지인은 죽란시사를 말하면서 그와 같은 멋진 규약을 지켜 나갈 수 있는 모임을 만들고 싶다고 한 적이 있습니다. 시간과 날짜에 쫓기며 세를 다투는 모임이 아니라, 몇 번을 모이더라도 자연의 흐름을 거스르지 않는 순리의 모임이었으면 좋겠다는.

큰 눈이 오면 모이자 했던가. 함박눈이 펑펑 내리는 날, 큰 갓
에 눈을 이고 종종 걸음으로 모이는 벗들. 그들을 바라보며 차를 달
이는 손길. 화로 위에는 한가로이 물이 끓고, 그들의 어깨에 내려앉
은 눈을 털어주며 반갑게 눈인사를 주고받는 모습.
죽란시사의 겨울 풍경은 이러했을 것입니다.

경청의 중요성

〈래리 킹 라이브(LARRY KING LIVE)〉라는 CNN TV의 프로그램이 있습니다. 〈래리 킹 라이브〉는 1985년부터 지금까지 방송되고 있는 CNN 최장수 토크쇼이며, 세계적으로 커다란 영향력을 가진 방송이기도 합니다. 이 프로그램의 사회자인 래리 킹은 77세로, 초대손님과 진지한 토론 스타일의 두뇌게임을 벌이는 것으로 유명합니다.

래리 킹의 방송 25주년을 기념하여 언론과 매스컴은 특별 프로그램을 방송하고, 그의 방송 이력을 소개하였습니다. 그는 방송 생활 중에 약 4만 명의 명사와 이슈의 중심에 섰던 사람들을 인터뷰했습니다. 그는 편안하거나 따뜻하게 이야기를 풀어가는 진행자가 아닙니다. 공격적이고 저돌적인 질문과 핵심을 찌르는 질문으로 게스트를 당황하게 하는 사람입니다.

래리 킹이 이런 말을 한 적이 있습니다.

"말을 제일 잘하는 사람은 남의 말을 경청하는 사람이다."

통념적으로 말을 잘하는 사람은 자신의 주장을 조리 있게 설명하고 상대를 설득하는 것에 재주를 가진 이를 말합니다. 그러나 래리 킹은 25년 동안 토크쇼를 진행하면서 얻은 교훈으로 상대의 말에 대한 경청을 대화의 첫 번째 조건으로 꼽았습니다.

정책에 대한 갑론을박으로 사회가 시끄럽습니다. 국민이 접하는 정보의 양은 엄청나고, 진위를 쉽게 구별할 수 없는 논리와 전문성으로 포장되어 있습니다. 국민의 신뢰를 얻지 못하는 정책은 표류할 수밖에 없습니다. 정책의 추진력은 국민의 지지로부터 나오기 때문입니다.

국민을 설득하고 설명해야 하는 정책 입안자나 정부 관계자의 자세는 어떠해야 할까 생각해 봅니다. 그들은 정부 정책의 홍보와 설득이 부족했고 충분히 설명할 기회를 갖지 못했기 때문에 생긴 오해이고, 대부분 시간과 기회가 주어지면 이해될 수 있는 사안이라고 말합니다.

그러나 그것만으로 충분하지 않습니다 소통 없는 일방적 진행이 문제를 불러일으켰고, 국민적 합의를 소홀히 함으로써 충돌을 가져왔다는 것을 스스로 인정해야 합니다.

소통은 서로 공유하는 것입니다. 소통은 쌍방의 의미입니다.

말을 하기 위해서는 들어야 합니다. 이는 대화의 가장 간단한 이치입니다.

한쪽의 주장이 다른 쪽을 제압하는 것이 아니라 함께 의견을 나누고 합치점을 찾아가는 것입니다.

그러나 이제는 소통의 의미를 더 확대해 생각해 봅니다. 국민으로부터 신뢰를 얻고, 정부의 주장에 믿음을 싣기 위해서는 논리와 홍보만이 전부가 아닙니다. 그것에 맞는 논리를 개발하는 것이 중요한 것이 아닙니다. 이 모두를 놓아버리고 진정 말을 잘하기 위한 첫 번째 원칙, 신뢰와 존경을 얻기 위한 첫 번째 원칙으로 돌아가야 합니다. 그것은 바로 경청입니다. 국민의 말을 단순히 듣는 것이 아니라 두려움과 존경의 마음, 즉 경외심을 갖고 들어야 합니다. 진정 마음으로 듣는다면 그 속에서 해법도 설득도 전략도 모두 나올 것입니다.

정부가 말을 잘하지 못하고 논리가 약해 국민의 신뢰를 잃은 게 아닙니다. 귀를 기울이는 자세와 경청하고자 하는 마음이 부족하기 때문에 소통에 문제가 생겼고, 그리하여 신뢰를 잃어버렸다는 자기 성찰이 선행되어야 합니다. 아직도 정부 측 논리와 언변이 부족해서, 국민의 이해 부족이 작금의 상황을 가져왔다고 인식한다면 참으로 슬픈 일입니다.

토크쇼에 나온 게스트와 래리 킹의 언쟁을 봅니다. 게스트의 말을 진지하게 들으며 메모하는 래리 킹을 본다면 그의 언쟁을 소모적이고 비생산적이라 지적할 사람은 없을 것입니다. 경청의 과

정을 통해 게스트에 대한 존중을 표시했고 자신의 의견과 상충되
는 부분에 대해 정직하게 마주하고 있기 때문입니다. 말을 하기 위
해서는 들어야 합니다. 대화의 가장 간단한 이치입니다.

12월의 월령가(月令歌)

바람 불고 서리치고 눈 오고 얼음 언다

가을에 거둔 곡식 얼마나 하였던고

몇 섬은 환자 갚고 몇 섬은 조세 내고

얼마는 제사 쌀 얼마는 씨앗이며

소작료도 되어 내고 품값도 갚으리라

꾸어 쓴 빚돈들도 낱낱이 청산하니

많은 듯하던 것이 나머지가 얼마 없다

이는 농민의 애환이 묻어나는 12월의 〈농가월령가(農家月令歌)〉입니다. 〈농가월령가〉는 달과 절기에 맞춘 농사일과 풍속을 담고 있는데, 정약용 선생의 아들 정학유가 조선 헌종 때 지었다고 전해집니다. 장단에 맞춰 흥얼거리며 농사 지식도 습득하고 시름도

시작이고 과정이며 끝이기도 한 시간의 의미를 새겨야 합니다.
그 중심에 자신이 있음을 자각해야 합니다.

달랠 수 있는 유용한 노래입니다.

겨울 대목을 좀 더 보면,

> 동지는 명절이라 새해가 멀지 않다
> 철음식 팥죽 쑤어 이웃 친척 나눠 먹세
> 새력서 배포하니 래년 절기 어떠한고
> 낮이 짧아 덧없고 밤이 길어 지루하다

지금도 지내는 동지의 팥죽 이야기가 나옵니다. 당시에도 여럿이 팥죽을 나눠 먹었던 모양입니다. 새해 달력을 나누는 모습도 보입니다. 먹을 것이 귀하던 시절, 긴 겨울밤은 우울하고 추웠을 것입니다. 또 한편으로는 남은 양식의 겨울나기를 가늠하며 불안해하기도 했을 것입니다.

그렇다고 어두운 먹구름만 드리운 삶만 있는 건 아니었습니다. 아이들과 함께 길쌈과 물레질 하는 긍정의 풍경을 그려내기도 했습니다.

> 짧은 해에 끼니 마련 자연히 틈 없나니
> 등잔불 긴긴밤에 길쌈을 힘써 하소
> 베틀 곁에 물레 놓고 틀고 타고 잣고 짜네
> 자란 아이 글 배우고 어린아이 노는 소리

여러 소리 지껄이니 안사람의 재미로다

아이들이 글 읽고 노는 건강한 모습이 곧 행복임을 노래하고 있습니다. 물레가 도는 한편에서는 아이가 글을 읽고, 장난에 열중하는 어린것을 흐뭇하게 바라보는 농촌 아낙의 모습이 눈앞에 보이는 듯합니다.

이것이 〈농가월령가〉의 12월 풍경입니다. 농경사회에서 겨울은 휴지기였습니다. 가을 추수가 끝나고 다음 해 씨를 뿌리는 봄까지 '낮이 짧아 덧없고, 밤이 길어 지루한' 시간이었습니다.

흐름에 순응하며 삶의 리듬을 찾던 '지루한 밤과 짧은 해'는 이제 존재하지 않습니다.

현대는 낮밤의 구별도, 계절의 경계도 모호해졌습니다. 젊은 이들은 절기의 이름조차 알지 못합니다. 달력에만 표시되어 있을 뿐이지요.

우리의 겨울은 틈이 없습니다. 모임과 송년행사, 일 년의 공과를 나누는 논공행상 시상식, 참으로 숨이 가쁩니다. 생명의 계절을 맞이하기 전 준비하고 살피던 여유가 사라졌습니다. 11개월을 쉼없이 왔으면서도 돌아보려 하지 않습니다. 남은 한 달을 지나온 일 년보다 더 정신없이 보내버립니다. 무언가 잘못된 것은 아닐까요?

우리는 현재, 지금 이 순간을 살 뿐입니다. 마무리와 정리의 의미가 과거이고 끝이라고 생각합니까? 일 년의 12월은 2년을 놓고 보면 중간이고, 3년을 놓고 보면 3분의 1 지점입니다. 그러므로 과정이며 현재입니다. 12월은 11월에서 이어진 것이며 1월로 갑니다. 마침표를 찍고 멈추지 않습니다.

시작이고 과정이며 끝이기도 한 시간의 의미를 새겨야 합니다. 그 중심에 자신이 있음을 자각해야 합니다.

조금만 속도를 늦춰 보세요. 속도를 줄이며 갈 길과 온 길을 돌아보세요. 보이지 않던 것이, 지나쳐 오해하고 잘못 봤던 것이 보일 것입니다. 그들이 지나친 것이 아니라 내가 너무 서둘렀기에 기회가 없었을 것이란 생각에 이를 것입니다. 12월의 월령가는 느림과 더딤의 장단을 따라가야 합니다.

너무 서둘러 오지 않았습니까? 천천히 12월을 살피세요.

TV와 삶의 질

"TV를 꺼야 삶이 살아난다"라고 주장하는 사람들이 있습니다. TV와 생활이 대체 어떤 연관이 있기에 TV 시청의 유무와 삶의 질을 연결시키는 걸까요?

패션의 유행과 대화의 화제, 세간에 회자되는 드라마와 쇼, 정보 등 TV가 점유하고 있는 분야는 광범위합니다. 거의 모든 분야에서 이슈를 만들고 생산하며 정보를 가공합니다. 파급력도 대단해서 삽시간에 대중에게 퍼지고 연예인이 사용했던 장신구나 옷은 날개 돋친 듯이 팔립니다. 우연히 방송에 출연했다가 스타의 대열에 합류하는 일반인도 있습니다.

정치도 예외는 아니어서 대통령선거전에서 후보들이 벌이는 토론과 연설은 엄청난 영향력을 행사합니다. 미국 대선은 TV 토론이 상당한 영향을 미칩니다. 토론이 끝난 후 언론사에서 발표하는 여론조사는 전후(前後)의 비교를 통해 성공한 후보와 그렇지 못한 후보의 차이를 확연히 보여줍니다. 우리도 다르지 않습니다. 대선과 총선을 치르며 TV의 영향력은 계속 증대되고 있으며, 이제 누구도 그 힘을 무시하지 못합니다.

이러한 시대에 'TV를 꺼야 비로소 삶이 켜진다' 고 하는 구호가 제창되고 있습니다. 여기에 동의하는 사람들이 점차 늘고 있으며 나아가 세계적으로 공감의 폭을 넓혀가고 있습니다. 그 까닭은 무엇일까요? 정보가 곧 돈이고 권력이라는 요즈음, 그것을 창출하는 힘을 가진 TV를 *끄자*는 주장이 설득력을 얻고 지지를 받는 까닭은 무엇일까요?

미국의 'TV *끄기* 네트워크' 라는 단체는 TV 안 보기 운동을 벌이고 있습니다. 1995년부터 시작한 이 운동은 TV를 *끄자*는 주장에서 보듯 프로그램의 질적 향상이나 개선을 요구하는 기존의 캠페인과는 성격을 달리합니다. 이 단체는 일 년에 한 번 일주일 동안 TV *끄기* 캠페인을 벌입니다. 2004년 TV *끄기* 주간에는 미국 전역에서 760만 명이 참여했다고 합니다. 2005년에는 800만 명으로 참가 숫자가 늘었습니다. 미국 사회에서 이 정도 인원이 참여하는 것은 매우 드문 일입니다. 더구나 방송을 선택하는 폭이 어느 나라보다도 넓은 곳에서 이 취지에 공감하는 이들이 늘어나고 있다는 것은 깊이 생각해 볼 문제입니다.

우리나라에도 2005년 1월부터 'TV *끄기* 시민운동' 이 출범했

TV를 꺼 보세요. 그리고 그 사이에 무엇이 흐르는지 느껴 보세요.

습니다. 기존의 모니터링을 통한 시민 참여보다 적극적 방법으로 문제제기를 한 것입니다.

TV의 힘은 너무나도 단순한 원리에서 출발합니다. 많은 사람이 TV를 보기 위해 기꺼이 시간을 할애한다는 것이지요. 여가와 오락적 기능으로 TV를 거부감 없이 받아들입니다.

그러나 TV는 시청률에 묶여 운신의 폭이 점점 줄고 있습니다. 공익 기능보다는 선정적이고 자극적 프로그램으로 시청률 경쟁을 벌이고 있습니다. TV 끄기 시민운동에서는 TV를 꺼야 하는 이유로 광고의 범람에서 비롯된 순간주의와 조급증, 마케팅에 이용되는 시청자를 지적하고 있습니다. TV 앞에 앉은 사람을 소비자로 한정짓는다는 것이지요.

또한 가족 간의 단절을 지적합니다. TV 시청은 가족 간 소통의 기회를 박탈하고, TV에 의존하게끔 만들어 무엇인가 들리고 보이지 않으면 불안하게 하는 강박관념을 만든다는 것입니다.

TV 끄기 운동에 동참했던 사람들의 의견을 들어보면, 처음에는 소리와 이미지가 없어진 빈 공간을 견디기가 불편하고 힘들지만 차츰 무엇인가 그 시간을 연결할 다른 것을 찾게 된다고 합니다. 그 결과 뉴스와 정보를 신문과 책을 통해 얻으며 가족과의 대화 시간이 늘어난다고 합니다. 가족의 사이를 비집고 들어선 TV가 쉼 없이 제시하던 상품과 선택에서 가족이 서로 얼굴을 보고 대화하는 소통의 교감을 나누게 된다는 것이지요.

한국인의 평균 TV 시청시간은 하루에 세 시간, 일 년에 한 달 반이라고 합니다. 실로 엄청난 시간입니다. 그 시간 동안 오로지 TV 시청에 정신을 집중한 결과가 무엇인지 돌이켜보면 허무해집니다.

TV 끄기에 동참하는 세계인들이 점점 늘어나는 것은 그 후 그들 삶에서 TV 시청보다 중요한 무엇을 발견했기 때문일 겁니다.

TV를 꺼 보세요. 일주일에 하루만이라도, 힘들다면 2주에 하루만이라도 TV 없이 지내 봅시다. 그리고 그 사이에 무엇이 흐르는지 느껴 보세요.

친환경 먹거리

우리 조상들은 사계절이 뚜렷한 한반도에서 기후와 풍토에 맞게 의·식·주를 발전시키며 살아왔습니다. 자연에 거스르지 않고 더불어 살아온 모습이 의복이나 먹거리, 주거 형태에 고스란히 남아 있습니다. 의식주 가운데 '의'를 가장 먼저 말하지만, 이것은 예에 대한 동양적 사고입니다. 실질적인 중요성을 논한다면 단연 '먹거리'일 것입니다.

환경오염과 함께 우리 먹거리에도 오염의 문제가 심각하게 거론되고 있습니다. 토양이 오염되면 그 땅에서 생산되는 농산물도 자유로울 수 없습니다. 토양의 오염과 지하수의 오염, 병충해로부터 농산물을 지키고자 살포하는 농약 문제 등 우리의 생존을 위협하는 문제들은 심각합니다.

문제의 해결책으로 정부에서는 먹거리에 대한 안전성을 증명

친환경적인 먹거리는 국민의 건강은 물론 환경오염을 막는
일석이조의 효과를 거둘 수 있습니다.

하는 인증제도를 실시하고 있습니다. 친환경 농산물의 인증마크가 바로 그것입니다. 유기농 농산물이나 저농약 농산물에 정부가 인증하는 마크를 부착하는 것이지요. 조금 비싸더라도 건강을 생각하는 사람들이 안심하고 먹을 수 있는 농산물을 정부가 보증한다는 의미입니다.

친환경 농산물 인증마크의 배경은 개인에 맡기면 공신력을 확보하기 힘들므로 정부가 유기농·저농약 인증마크라는 제도를 만들어 소비자와 생산자 모두 이익을 누릴 수 있게 하겠다는 뜻이었지요.

그런데 이러한 취지와 달리 친환경 농산물의 인증마크가 유명무실하게 되었다는 기사가 보도된 적이 있습니다. 정책적 필요로 만들어 놓고 정부가 인증을 남발하고, 인증에 따른 조건들을 준수하는가에 대한 관리감독을 제대로 하지 않는다는 것입니다. 이제는 친환경 농산물에 대한 정부의 인증마크가 더는 안전 표시가 되지 못하고 있습니다. 친환경 농산물에 대한 관심이 유행처럼 번지다 못해 각 지자체마저도 거창한 계획만 내놓은 채 용두사미가 되어버렸습니다.

새로운 아이디어와 좋은 의도로 훌륭한 제도를 만들어 실시해도 관리가 소홀하면 오히려 불신감만 증폭시켜 올바로 생산하는 생산자나 믿고 구매하는 소비자 모두 피해를 보게 됩니다. 시작하지 않는 것보다 못한 결과를 가져올 수 있습니다.

다행히도 각 지자체가 앞장서서 그동안 유명무실하게 관리해 왔던 인증 제도를 보완하고 점검하여 내실 있는 제도로 만들려는 노력이 진행되고 있습니다. 그 노력이 결실을 맺으려면 거짓 없는 친환경 농산물의 생산에서 유통까지도 함께 바라보는 근본적인 대책이 마련되어야 합니다. 생산을 해놓고도 제값을 받지 못하거나 구매하고 싶어도 신뢰성이 문제되어 구매를 망설이게 해서는 안 됩니다. 생산자와 소비자를 이어주는 중간 역할을 정부가 담당해야 할 것입니다. 친환경 농산물을 정부가 직접 관리하는 체제를 만드는 건 어떨까요?

다른 지자체에서는 친환경 농산물의 유통체계를 확립하기 위한 '친환경 농산물 물류센터'에 대한 건립 논의가 있는 모양입니다. 늦었지만 매우 바람직한 일입니다. '먹거리'를 생산할 뿐 아니라 그것이 소비자에게 안전하게 이르도록 해야 하고, 그 신뢰성을 정부와 지자체가 보증해야 합니다.

또한 친환경적인 먹거리는 국민의 건강은 물론 국토의 오염과 환경 파괴를 막는 일석이조의 효과를 거둘 수 있습니다. 안전한 먹거리의 생산과 유통을 통해 국토의 오염을 막고 국민의 건강을 지켜낼 수 있다면 이보다 더 가치 있는 일은 없을 것입니다.

청산은 나를 보고

청산은 나를 보고 말없이 살라 하고〔靑山兮要我以無語〕

창공은 나를 보고 티 없이 살라 하네〔蒼空兮要我以無垢〕

사랑도 벗어놓고 미움도 벗어놓고〔聊無愛而無惜兮〕

물같이 바람같이 살다가 가라 하네〔如水如風而終我〕

위의 시는 고려 말 왕사(王師), 즉 왕의 스승으로 추대되었던 나옹 스님의 작품입니다. 노래로는 익숙하지만 원저자에 관해 아는 사람은 많지 않습니다. 나옹이라는 법호 또한 불교 신자이거나 관심 있는 사람 외에는 낯선 이름입니다.

태조 이성계의 스승인 무학대사가 나옹 스님의 제자입니다. 영화와 드라마를 통해 무학대사와 태조의 일화는 많이 소개되었으나 나옹 스님에 관한 이야기는 알려진 것이 거의 없지요. 조선 건국

다양함이야말로 문화를 풍부하게 하는 훌륭한 자양분입니다.

의 큰 축을 담당했던 무학대사의 스승이라면 스님의 인품과 수행의 깊이가 어느 정도인가는 짐작할 수 있을 것입니다. 대중에게는 수행자나 왕사보다는 〈청산은 나를 보고〉의 시인으로 기억되고 있지요.

종교적 안경을 벗고 나옹 스님을 본다면 그는 아주 훌륭한 시인입니다. 자연과 삶을 하나로 보고 더불어 사는 삶, 자연으로부터 배우는 삶을 노래한 위대한 시인입니다. 특히 〈청산은 나를 보고〉는 종교에 관계없이 삶의 한 끝에서 자신을 돌아볼 수 있게 하는 작품이지요.

문화는 이렇듯 공감의 분모를 찾아 그것을 알리고 나누며 전하는 가운데 발전하고 그 영역을 확장해 가는 것입니다. 불교인은 스님으로서, 종교를 갖지 않은 사람은 시인으로, 문화의 틀에서 섞이고 합해지는 것입니다.

개인적으로 이해인 수녀님의 시를 좋아합니다. 세상을 바라보는 따뜻한 눈빛과 생명에 대한 무한한 사랑, 그 마음을 아낍니다. 약하고 힘없는 사람들 가운데 세우고자 하는 정의로움을 긍정합니다. 수녀님이라는 종교적 타이틀이 이러한 보편적 가치를 공유하는 데 장애가 되어서는 안 됩니다.

만해 한용운 스님 역시 시인이자 민족대표 33인 중의 한 분으로 조국의 독립을 위해 치열한 삶을 살았습니다.

민족의 정서에 부합하고 합치된다면 마땅히 찾고 발전시켜야 합니다. 역사적 사실을 문화적 마인드로 받아들여야 합니다.

경북 영덕군 창수면은 나옹 스님의 출생지입니다. 인근에 있는 장육사(주지 효상)는 나옹 스님의 출가 사찰입니다. 2008년 10월 이곳에 나옹 스님의 사적비가 세워졌습니다. 나옹 스님의 사적비 건립은 관계자들의 확고한 문화적 마인드가 없었다면 가능하지 않았을 것입니다.

2007년은 '루미(Jalāl-ad-Dinar Rūmi, 잘랄 앗 딘 루미)' 라는 이슬람의 여류 시인이자 성자의 탄생 800주년이 되는 해입니다. 세계적으로 이슬람권에 대한 반감이 고조되어 있는 때에 2007년 '세계 루미의 해' 가 선포되었습니다. 유네스코는 이슬람권에서 가장 사랑받고 재조명되어야 할 인물일 뿐 종교가 선정 이유에 장애가 될 수 없다는 것이었습니다.

다양함이야말로 문화를 풍부하게 하는 훌륭한 자양분입니다. 종교, 피부색, 국적이 문화적 호불호의 판단과 거부의 이유가 되어서는 안 됩니다.

이무기의 승천

이무기에 대한 국어사전의 낱말 풀이를 보면 '전설상의 동물로 뿔이 없는 용. 어떠한 저주로 용이 되지 못하고 물속에 산다는, 여러 해 묵은 큰 구렁이를 이른다' 라고 되어 있습니다. 아직은 용이 되지 못한, 그래서 사람들에게 환영받지 못하는 존재를 일컬을 때에도 '용 못된 이무기' 라고 하여 의리나 인정은 찾아볼 수 없고 심술만 남아 있어 손해만 입히는 사람을 비유적으로 이르기도 합니다. 이무기에 대한 이미지는 대체로 부정적입니다.

그러나 이무기가 여의주를 얻으면 승천하게 되는데, 그때는 부정적 이미지를 씻고 용이라는 신성한 존재가 되어 사람들의 존경과 공경을 받게 됩니다.

한국의 이러한 전설을 모티브로 한 영화가 흥행과 논란의 중심에 섰던 적이 있습니다.

올바른 비판은 약이 되고, 현명한 격려는 힘이 됩니다.

열흘 남짓한 기간에 6백만 명의 관객을 동원했다고 하니 대단한 흥행 돌풍이었습니다. 개그맨 출신의 영화감독 심형래가 만든 SF 영화인 〈디 워〉입니다.

공중파 방송이 이 영화에 대한 논란을 다뤘을 만큼 영화에 대한 논쟁은 뜨거웠습니다. 영화 제작자와 평론가로 대표되는 충무로와 관객으로 대표되는 네티즌들의 논쟁이었지요. 평론가는 비판적인 입장으로 네티즌들은 우호적인 입장으로 나뉘었습니다.

영화 평론가들이 지적한 〈디 워〉의 문제점은 상황의 개연성과 플롯의 허술함, 영화 외적인 요소(애국심과 민족적 정서, 한 개인의 열정 등)를 마케팅에 이용하고 있다는 점 등입니다.

네티즌들은 일정 부분 인정하면서도 그 평가의 잣대가 공정치 못하고 균형을 잃었다는 주장을 내세웠습니다. 할리우드의 영화에는 찬사를 보내면서 우리 영화에는 유독 냉혹한 잣대를 들이댄다는 주장이었지요. 양쪽 주장 모두 공감이 가는 부분이 있었습니다.

영화는 종합예술이라고 합니다. 시나리오, 음악, 미술, 배우의 연기 등 모든 것이 유기적으로 결합해 만들어내는 장르이기에 그렇게 이르는 것이겠지요. 소위 명작이라고 하는 영화들은 이러한 요소가 잘 배합되고 녹아들어 간 작품을 이르는 말일 것입니다. 즉 어느 한 부분이 뛰어나다고 해서 훌륭한 영화고, 어느 한 부분이 쳐진다고 해서 나쁜 영화라고 할 수 없기에 전체적인 관점에서 보아야 한다는 의미일 것입니다.

냉정하고 객관적인 평가는 장·단점에 대한 균형 유지가 전제되어야 합니다. 하지만 많은 사람들은 평가와 비난을 혼동하고 있는 것 같습니다. 평가와 비난은 다릅니다. 평가는 지적과 함께 격려의 의미가 포함되어 있습니다.

관객들의 평가와 평론가의 평가가 반드시 일치할 수 없습니다. 일치할 필요도 없지요. 그러나 비판과 담론의 장에는 지켜야 할 원칙과 매너가 있습니다. 그것이 무너지면 이전투구와 언어폭력의 난장판이 되고 맙니다.

영화에는 두 가지 측면이 있다고 생각합니다. 작품성과 상업성이라는 두 개의 얼굴, 두 마리의 토끼입니다. 몇백 억이라는 큰돈이 투자되는데 상업성을 무시할 수 없고, 예술의 관점에서 작품성의 측면도 무시할 수 없습니다. 이 두 개의 측면을 모두 만족한다면 좋겠지만 쉽지 않은 일이지요.

제작자나 감독이 영화를 만들 때 어떤 관점에서 영화를 제작했는가, 영화의 장르는 무엇이며, 관람 가능한 연령층은 어디까지인가 하는 영화 외적인 요소도 중요합니다. 제작자와 감독이 포커스를 맞추고 심혈을 기울인 특정 부분에 대한 평가가 영화 전체의 평가와 함께 이루어져야 합니다.

베스트셀러가 반드시 좋은 책이라 할 수는 없습니다. 그러나 동시대의 사람들이 1백만 권, 2백만 권 읽었다면, 그들을 공감케

하는 그 무엇이 있을 것입니다. 그것이 마케팅의 성과든, 혹은 자본의 힘으로 밀어붙인 결과든 그 책이 주장하는 그 무엇을 독자가 함께 느꼈다는 것입니다.

서양의 용과 우리의 용은 다릅니다. 서양의 용이 영웅과 대적하는 악한 모습의 괴물이라면, 우리의 용은 무엇이든 이루어진다는 여의주를 물고 있는 상서로운 존재입니다. 그 태생이 이무기라는 흉측한 뱀에서 환골탈태하여 용이 된다는 우리의 전설은 교훈적일 뿐만 아니라 아름답습니다. 천 년을 인고하며 용이 되기를 기다리는 이무기의 기다림은 숭고하기까지 합니다.

사람들의 말처럼 개연성이 떨어지고 어설프지만, 한국적 정서를 담으려 한(그것이 애국적 마케팅이든, 민족적 코드를 맞추기 위한 얄팍한 술수든) 시도를 인정해야 합니다. 우리의 영화가 세계에 우뚝 서기를 바라는 마음은 같을 겁니다. 한쪽은 비판으로, 한쪽은 격려로 방법만 달리 하고 있을 뿐이지요.

올바른 비판은 약이 되고, 현명한 격려는 힘이 됩니다. 평론가나 관객의 비판과 격려는 어차피 제작자의 몫입니다. 심형래 감독은 이 영화 하나로 만족하지 않겠지요. 다음 영화에서는 평론가와 관객 모두 감동시키기를 기대해 봅니다. 한국의 전설 이무기가 모두에게 인정받는 용으로 승천하기를 기대해 봅니다.

오늘 하루 내가 들은 내면의 소리는 무엇입니까?

하루를 마감하는 저녁, 내게서 들려왔던 내면의 소리를 기억해 보세요.

몇 개나 기억할 수 있을까요? 혹은 전혀 기억나지 않을 수 있습니다.

그러나 밖에서 나에게 들린 소리들은 분명하게 기억하고 메모까지 합니다.

내 자신이 나에게 하고 싶은, 해야 하는, 꼭 전하고 싶은 그 말을

우리는 무시하며 지냅니다. 그렇게 우리의 생각은 밖으로만 향합니다.

진실로 나의 내면이 원하는 것을 알지 못하는데

우리는 무엇을 원하고 무엇이 행복이라 생각하며

달려가고 있는 걸까요? 왜 소통의 의미를 밖에서 찾는 걸까요?

나의 내면이 전하고자 하는 말을 들어 보세요.

오늘 하루 사물과 사람과의 관계 속에서

진실한 내면이 느끼고 상처받은 말들을 들어 보세요.

자신에게 귀를 기울여 보세요.

알지 못했던 자신의 이야기를 들을 수 있습니다.

그것이 대화의 시작입니다.

성타 性陀

불국사에서 월산스님을 은사로 출가했다. 동산스님을 계사로 비구계를 수지했으며 통도사 강원을 졸업했다. 법주사승가대학 강사와 불국사 총무를 거쳐 1980년부터 1998년까지 제 6~11대 조계종 중앙종회의원을 지냈다. 포교원장을 역임했으며 현재 (재)성림문화재연구원 이사장, 동국대학교 재단이사, 전국본사주지협의회 회장, 불국사 주지 겸 회주로 주석하고 있다.

경주 지역에서는 '경주경실련공동대표'로 기억하는 사람이 더 많을 만큼, 우리나라 NGO 분야에서 활발하게 활동하고 있는 종교계 인사 가운데 한명이다. 15년 가까이 열정적으로 환경운동에 힘써온 환경운동가이자 지역 내 시민운동의 발전에 앞장서온 실천적 인물이기도 하다.

저서로는 《마음 멈춘 곳에 행복이라》《금오집》《자연과 나》 등이 있으며, 번역서 《불소행찬》과 논문 〈백암사상〉〈경허의 선사상〉〈경허 선사와 한말의 불교〉〈한국불교와 사회적 성격〉 등이 있다.

그림 이형수

1952년 경북 영덕에서 태어나 동국대학교를 졸업했다. 그동안 '필묵의 즐거움' '먹빛이 마음빛이다' 등의 개인전을 열었으며, 현재 (사)한국서가협회 초대 · 이사와 경북지회장을 맡고 있다.

붓끝을 타고 내린 먹물이 화선지 위에서 마음빛이 되기까지 오랜 수련과정을 겪고 있다.

모래 한 알, 들꽃 한 송이

1판 1쇄 인쇄 2010년 5월 14일
1판 1쇄 발행 2010년 5월 21일

지은이 · 성타
그린이 · 이형수
펴낸이 · 주연선

책임편집 · 이진희
편집 · 김준하 박은경 윤지현 김지은 오가진
디자인 · 정혜욱 홍세연
마케팅 · 김호 장병수 윤우성 노재용 김류미
관리 · 구진아

도서출판 은행나무
121-839 서울특별시 마포구 서교동 384-12
전화 · 02)3143-0651~3 | 팩스 · 02)3143-0654
등록번호 · 제 10-1522호(1997. 12. 12)
www.ehbook.co.kr
ehbook@ehbook.co.kr

잘못된 책은 바꿔드립니다.

ISBN 978-89-5660-345-2 03220